Richard Freund

Der allgemeine Arbeitsnachweis in Deutschland im Jahre 1896

Richard Freund

Der allgemeine Arbeitsnachweis in Deutschland im Jahre 1896

ISBN/EAN: 9783743476486

Hergestellt in Europa, USA, Kanada, Australien, Japan

Cover: Foto ©ninafisch / pixelio.de

Weitere Bücher finden Sie auf **www.hansebooks.com**

Der

Allgemeine Arbeitsnachweis in Deutschland

im Jahre 1896.

Von

Dr. jur. Richard Freund.

I. Geschäftsbericht des Centralvereins für Arbeitsnachweis zu Berlin für das Jahr 1896.
II. Uebersicht über die Organisation und den Geschäftsbetrieb der allgemeinen Arbeitsnachweise in Deutschland.

1897.

I.

Geschäftsbericht

des

Centralvereins für Arbeitsnachweis zu Berlin

für das Jahr 1896.

Der Vorstand.

(Bureau des Vorstandes: C. Klosterstr. 41.)

Dr. Freund, Vorsitzender der Invaliditäts- und Altersversicherungs-Anstalt Berlin, Vorsitzender.

Cuno, Magistratsassessor.
Dr. Delta, Fabrikbesitzer, Stellvertreter d. Schriftführers.
Dr. Hans Delbrück, ord. Professor a. d. Universität.
Evert, Kgl. Regierungsrath, Mitglied des Kgl. statistischen Bureaus.
Gericke, Stadtverordneter.
Dr. Hirschberg, Direktorial-Assist. am statistischen Amt der Stadt Berlin, Schriftführer.
Kalisch, Stadtverordneter.
Kochhann, Stadtrath, Mitglied der Aeltesten der Kaufmannschaft.

Landau, Bankier, Kgl. Spanischer Generalkonsul.
Langenbucher, Obermeister der Klempner-Innung, Stadtverordneter.
Lüben, Fabrikant, Stadtverordn.
Minlos, Rentier, Schatzmeister.
Mosse, Verleger des „Berliner Tageblatt".
Mugdan, Stadtrath.
O. Pintsch, Fabrikbesitzer.
Dr. Schmoller, ord. Professor a. d. Universität, Mitglied des Staatsraths.

Schrader, Eisenbahndirektor a. D.
Dr. Weigert, Stadtrath, Mitglied der Aeltesten der Kaufmannschaft.
Werckmeister, Rentier, 1. Stellvertreter des Vorsitzenden.
Weisbach, Rentier, Stellvertreter des Schatzmeisters.
Wohlgemuth, Baumeister, Stadtverordneter.
Dr. Zacher, Kaiserl. Geheimer Regierungsrath, II Stellvertreter des Vorsitzenden.

Inspektor: Herr **Beeck**.

Bureaus der Arbeitsnachweise:

a. Für männliche Personen: **An der Stadtbahn, Stadtbahnbogen 104.** Fernsprech-Anschluss Amt V, 1263 und 3235.

b. Für weibliche Personen: **An der Stadtbahn, Stadtbahnbogen 100.** Fernsprech-Anschluss Amt V, 3235.

I. Der Geschäftsbetrieb des Arbeitsnachweises hat auch in diesem Jahre einen weiteren nicht unwesentlichen Fortschritt aufzuweisen; derselbe gestaltete sich wie folgt:

		Gesuche der Arbeiter	Vermittelt
	Insgesammt:	**27645** (1895: 23573)	**20619** (1895: 17095)
	Im Einzelnen:		
Abtheilung I.	Allgemeiner Arbeitsnachweis	14602	11318
	Maler und Anstreicher	6000	4630
	Schlosser	2181	1483
	Klempner	1514	1300
	Maurer und Zimmerer	234	155
	Lackirer	89	62
	Handschuhmacher, Nadler und Siebmacher, Lederzurichter und Gerber	12	9
Abtheilung II.	Für weibliche Personen	3013	1662

Wie aus vorstehender Zusammenstellung ersichtlich, sind zu den bestehenden 4 Facharbeitsnachweisen einige weitere hinzugekommen. Ausserdem wurde am 16. October des Berichtsjahres in unserem Bureau eine Filiale des Arbeitsnachweises der Landwirthschaftskammer für die Provinz Sachsen eingerichtet.

II. An der im Berichtsjahre in Berlin stattgehabten Gewerbeausstellung hat sich auch der Verein durch Auslegung des Verwaltungsberichts von 1895, sowie durch Aushang einer zu diesem Zwecke angefertigten graphischen Darstellung über die bisherige Thätigkeit des Vereins betheiligt. Der Verein wurde durch Verleihung der silbernen Portrait-Medaille Ihrer Majestät der Kaiserin, und eines Ehrenzeugnisses ausgezeichnet.

III. Am Schluss des Berichtsjahres starb der langjährige erste Beamte des Vereins, der Oberinspector Herr Scheibe. Der Verein betrauert in dem Verstorbenen einen gewissenhaften treuen Beamten, der die Interessen des Vereins stets auf das regste wahrgenommen und gefördert hat.

An Stelle des Verstorbenen wurde vom Vorstande der bisherige Buchhalter Herr Beeck zum Inspector bestellt.

IV. Die Zahl der Mitglieder ist nur wenig gestiegen, da dem Zugange ein nicht unwesentlicher Abgang gegenübersteht; sie beträgt nach dem in der Anlage abgedruckten Verzeichniss 579.

V. Der Kassenabschluss, welcher in der Anlage abgedruckt ist, ergiebt einen Vermögensbestand von 20500 Mk. Effecten und 20,18 Mk. baar, dagegen eine Schuld bei der Deutschen Bank von 1109,19 Mk. Der Haushaltungsplan für das Jahr 1897, welcher gleichfalls in der Anlage abgedruckt ist, schliesst in Einnahme und Ausgabe mit 16100 Mk.

Abtheilung I.

Arbeitsnachweis für männliche Personen.

A. Allgemeiner Arbeitsnachweis.

Im Berichtsjahre betrug die Zahl der

angebotenen Arbeitskräfte . . . . . . 14602 (1895 : 12792)
verlangten Arbeitskräfte . . . . 11574 (1895 : 9627)
besetzten Stellen . . . . 11318 (1895 : 9382)

Es hat mithin gegen das Vorjahr ein nicht unwesentlicher Fortschritt stattgefunden. Der Zuwachs beträgt in allen drei Rubriken gleichmässig rund 2000 Arbeitskräfte.

Die Vertheilung auf die einzelnen Berufsarten ergiebt sich aus der folgenden Tabelle:

Beruf	Stellen suchende Arbeiter							Zu besetzende Stellen							Besetzte Stellen						
	1890	1891	1892	1893	1894	1895	1896	1890	1891	1892	1893	1894	1895	1896	1890	1891	1892	1893	1894	1895	1896
Ungelernte Arbeiter . . .	4548	6200	5020	5522	5239	6611	7428	3840	4380	4311	3680	3455	5297	6071	3568	4026	4141	3575	3376	5214	5994
Hausdiener . .	1721	2183	1867	1525	1554	1549	1821	891	967	902	895	904	824	991	730	881	830	663	877	784	942
Kutscher . . .	998	1152	1203	912	1126	1128	1376	504	546	542	567	700	676	789	407	480	481	517	673	655	702
Lauf- u. Arbeitsburschen . .	2156	3054	2941	2804	2808	3296	3872	1644	1984	2072	2110	2031	2757	3894	1423	1820	1987	2040	1968	2677	3610
Stallleute . . .	145	178	150	146	136	89	64	90	81	40	64	52	61	57	76	78	39	55	40	41	53
Sonstige Berufe	319	586	431	310	333	99	40	69	103	82	67	70	22	22	53	82	74	42	40	11	17
Zusammen	9887	13459	11672	11266	11218	12792	14602	7038	8011	7949	7303	7216	9627	11574	6277	7376	7552	7101	6975	9382	11318

Hervorzuheben ist auch in diesem Jahre die Steigerung bei der Kategorie der Lauf- und Arbeitsburschen. Bei den zu besetzenden und besetzten Stellen hat eine Steigerung von rund 1000 stattgefunden, das ist die Hälfte der gesammten Zunahme bei Abtheilung I. Zeitweise konnte der Nachfrage nach diesen jugendlichen Arbeitskräften nicht genügt werden.

Der prozentuale Antheil der Hauptberufe bei der Arbeitsvermittlung ergiebt sich aus folgender Tabelle:

Beruf	Von je 100 Arbeitsuchenden wurden untergebracht						Von je 100 offenen Stellen wurden besetzt					
	1891	1892	1893	1894	1895	1896	1891	1892	1893	1894	1895	1896
Ungelernte Arbeiter . .	65	82	65	64	79	80	92	96	97	98	98	99
Hausdiener	40	42	57	56	50	52	91	92	96	97	95	95
Kutscher	38	40	57	60	58	51	88	89	91	96	97	92
Lauf- u. Arbeitsburschen .	60	68	73	70	81	93	95	95	96	97	97	88
Sonstige Arbeiter . . .	19	21	22	17	28	65	08	93	73	66	63	80

Entsprechend der grossen Nachfrage nach Lauf- und Arbeitsburschen wurde bei dieser Kategorie der höchste Prozentsatz erzielt. Entsprechend diesem grossen Antheil der jugendlichen Arbeiter bei der Arbeitsvermittlung war auch in diesem Jahre die jüngste Altersklasse am stärksten vertreten, wie sich aus folgender Tabelle ergiebt:

Alter	Personen							Prozent						
	1890	1891	1892	1893	1894	1895	1896	1890	1891	1892	1893	1894	1895	1896
unter 16 Jahren	722	1050	1009	1049	1084	1237	1420	7,3	7,8	8,0	9,4	9,2	9,7	9,7
von 16 bis 20 Jahren	2563	3856	3013	2730	2620	3021	3425	25,9	26,6	25,8	24,4	23,4	23,6	23,5
" 21 " 25 "	2440	3077	2548	2219	2066	2264	2464	24,7	22,9	21,8	19,8	18,4	17,7	16,9
" 26 " 30 "	1821	2406	2234	1923	1710	1838	1976	18,4	17,9	19,2	17,2	15,3	14,3	13,5
" 31 " 35 "	957	1221	1352	1394	1406	1662	1921	9,7	16,0	11,6	12,4	12,5	13,0	13,1
" 36 " 40 "	632	830	780	979	1090	1220	1501	6,4	6,2	6,7	8,7	9,8	9,5	10,3
" 41 " 45 "	414	568	376	544	747	837	996	4,2	4,2	3,2	4,8	6,7	6,5	6,8
" 46 " 50 "	255	307	290	274	419	520	621	2,6	2,3	2,5	2,4	3,7	4,1	4,3
über 50 Jahre	83	144	71	96	117	203	278	0,8	1,0	0,6	0,9	1,0	1,6	1,9
Zusammen	9887	13459	11672	11208	11218	12792	14602	100,0	100,0	100,0	100,0	100,0	100,0	100,0

Dass der Arbeitsnachweis gerade für die jugendlichen Arbeiter von grossem Werthe ist, liegt auf der Hand; sie werden sofort nach der Schulentlassung untergebracht, vor den vielen Gefahren des beschäftigungslosen Herumvagirens geschützt und tragen vielfach durch ihren Verdienst zum Unterhalt der Familie bei.

Die **Vertheilung der Arbeitsvermittelung auf die einzelnen Monate** gestaltete sich folgendermassen:

1. Die absoluten Zahlen

Monat	Angebotene Arbeitskräfte						Zu besetzende Stellen						Besetzte Stellen					
	1891	1892	1893	1894	1895	1896	1891	1892	1893	1894	1895	1896	1891	1892	1893	1894	1895	1896
Januar	852	680	624	810	808	1065	303	404	567	393	526	674	379	437	543	381	509	658
Februar	698	903	777	705	712	864	387	304	495	487	596	604	371	375	480	476	573	660
März	651	817	746	725	814	1008	550	672	691	694	761	1049	505	627	658	669	729	980
April	1172	1090	1084	1260	1133	1270	602	651	677	693	645	1015	570	616	649	666	625	984
Mai	885	1025	1059	932	964	1130	410	616	548	180	645	829	419	568	517	174	626	820
Juni	1753	1110	1060	904	1068	1084	690	752	611	558	737	1062	653	697	586	530	720	1019
Juli	1359	1024	1025	1068	1218	1357	744	681	592	640	931	1044	715	658	568	606	894	1018
August	1287	1037	954	1021	1110	1432	984	1074	737	748	1041	1141	876	1003	713	725	1024	1117
September	1371	996	982	953	1245	1369	1210	1038	795	853	1127	1274	1011	882	772	812	1100	1253
Oktober	1637	1355	1404	1425	1575	1511	1005	856	866	790	1214	1311	940	811	830	776	1194	1281
November	1262	946	910	914	1161	1214	603	486	495	512	827	913	630	467	479	492	810	897
Dezember	582	400	431	524	654	701	814	385	319	262	574	619	314	371	308	239	566	601
Ueberhaupt	13459	11672	11208	11218	12792	14602	8041	7919	7850	7216	9627	11574	7376	7552	7101	6875	9382	11318

2. Die prozentuale Vertheilung nach Jahresmonaten:

Monat	Angebotene Arbeitskräfte							Zu besetzende Stellen							Besetzte Stellen						
	1890	1891	1892	1893	1894	1895	1896	1890	1891	1892	1893	1894	1895	1896	1890	1891	1892	1893	1894	1895	1896
Januar	8,8	6,3	7,5	7,4	7,2	7,1	7,3	6,5	4,9	5,9	7,7	5,4	5,5	5,8	6,3	5,1	5,8	7,7	5,5	5,4	5,8
Februar	6,5	5,2	8,0	6,9	6,3	5,6	5,5	5,0	4,8	5,0	6,7	0,9	6,2	5,9	5,1	5,1	5,0	6,8	6,8	6,1	5,8
März	7,0	4,8	7,0	6,7	6,5	7,1	6,9	10,6	6,9	8,5	9,3	9,8	7,9	8,7	10,2	6,8	8,3	9,2	9,6	7,8	8,7
April	8,9	8,7	9,3	9,7	10,7	8,9	9,4	8,9	7,5	8,2	9,2	9,6	6,7	8,8	8,7	7,7	8,1	9,1	9,6	6,7	8,7
Mai	8,3	6,6	8,9	9,3	8,3	7,8	7,8	7,0	5,3	7,7	7,4	6,8	6,7	7,8	7,8	5,7	7,8	7,3	6,8	6,7	7,2
Juni	9,6	13,0	9,6	9,2	8,6	8,3	11,0	9,0	8,6	9,2	8,3	7,7	7,6	9,2	9,2	8,9	9,2	8,3	7,7	7,7	9,3
Juli	8,9	10,1	8,8	9,1	9,0	10,3	9,3	9,0	9,3	8,6	8,0	8,9	9,7	8,9	9,4	9,7	8,7	8,0	8,7	9,7	9,0
August	8,4	9,6	8,0	8,5	9,1	8,7	9,8	11,3	12,7	13,5	10,0	10,4	10,8	9,8	9,9	11,9	13,3	10,1	10,4	10,9	9,9
September	9,2	10,2	8,5	8,8	8,5	9,7	9,6	10,8	15,2	13,5	10,8	11,8	11,7	11,0	11,8	13,7	11,7	10,8	11,9	11,7	11,1
Oktober	11,4	12,2	11,6	12,5	12,7	12,3	10,3	10,3	12,5	10,8	11,7	11,0	12,6	11,3	10,7	12,7	11,6	11,7	11,3	12,7	11,3
November	8,8	9,3	8,3	8,1	8,4	9,1	8,3	6,8	8,3	6,1	6,7	7,1	8,6	7,9	6,7	8,5	6,2	6,7	7,1	8,6	7,9
Dezember	4,7	4,0	3,7	3,8	4,7	5,1	4,8	4,4	4,2	4,0	4,3	4,0	6,0	5,3	4,7	4,2	4,9	4,3	4,8	6,0	5,3
Zusammen	100,0	100,0	100,0	100,0	100,0	100,0	100,0	100,0	100,0	100,0	100,0	100,0	100,0	100,0	100,0	100,0	100,0	100,0	100,0	100,0	100,0

3. **Vergleich von Angebot, Nachfrage und Vermittelung nach Jahresmonaten:**

Monat	Von 100 Arbeitsuchenden wurden untergebracht							Von 100 offenen Stellen wurden besetzt							Auf 100 Arbeitsuchende entfielen offene Stellen						
	1890	1891	1892	1893	1894	1895	1896	1890	1891	1892	1893	1894	1895	1896	1890	1891	1892	1893	1894	1895	1896
Januar	45.9	43.8	49.7	65.9	47.1	56.1	62.0	87.5	94.5	94.2	95.8	96.9	96.8	97.3	52.2	46.1	52.7	67.6	48.5	57.9	63.7
Februar	50.2	53.1	40.2	61.8	67.5	80.5	82.1	90.1	95.9	95.2	97.0	97.7	96.1	96.5	55.6	55.4	42.2	63.7	69.1	83.7	85.1
März	92.0	77.5	70.7	67.9	92.3	79.8	97.1	85.8	91.8	93.1	94.9	96.4	95.8	97.1	107.2	84.5	82.3	92.6	95.7	83.3	100.0
April	61.5	48.6	56.5	59.9	55.5	55.1	71.8	87.2	94.7	94.0	95.9	96.1	98.9	97.1	70.6	51.4	59.7	62.5	57.8	56.9	73.9
Mai	50.7	47.2	57.4	49.8	50.9	63.2	72.0	87.4	95.0	95.5	94.3	96.7	98.9	97.7	68.3	48.7	60.1	52.7	52.0	64.9	73.7
Juni	61.0	37.2	62.3	56.0	55.7	67.4	65.4	91.5	94.6	95.2	95.9	96.6	97.7	98.4	66.9	39.4	65.4	59.3	57.6	69.0	62.7
Juli	66.7	52.6	64.9	55.4	60.1	68.6	75.0	92.6	96.1	96.6	95.9	94.7	97.1	98.3	71.9	54.7	66.5	57.8	63.4	70.6	76.3
August	75.2	68.1	96.5	74.6	71.0	92.0	77.8	78.6	89.0	93.4	96.7	96.9	97.8	97.9	95.7	76.5	103.0	77.1	73.3	94.1	79.5
September	78.0	73.7	86.6	78.6	87.1	88.4	89.6	93.8	82.9	94.0	97.1	97.5	97.6	98.3	83.2	88.9	94.2	81.0	90.3	90.5	91.1
Oktober	59.0	57.4	62.1	59.1	54.3	75.9	84.9	92.8	93.5	97.1	95.8	97.5	98.3	97.9	64.5	61.4	63.2	61.7	69.9	77.1	86.8
November	51.2	40.9	48.3	52.6	52.1	69.8	73.9	96.9	95.0	96.1	96.8	96.1	97.9	98.0	53.7	52.5	50.3	54.4	54.2	71.2	75.4
Dezember	62.8	59.0	96.3	71.3	64.7	86.5	85.7	93.0	94.0	96.1	96.6	96.3	96.6	98.0	67.5	62.8	89.5	74.0	67.2	87.8	87.3
Zusammen	63.5	54.8	64.7	63.4	62.2	73.3	77.5	89.2	92.1	95.0	96.1	96.7	97.5	97.8	71.2	59.5	68.1	65.9	64.3	75.3	79.3

Wie in den früheren Jahren, so wurde auch im Berichtsjahre den von auswärts zugezogenen ungelernten Arbeitern die Eintragung in die Liste so lange und soweit versagt, als ein genügendes Angebot einheimischer Arbeiter vorhanden war. Auch wurden die einheimischen Arbeiter je nach der Lage des Arbeitsmarktes vor der Einschreibung darauf aufmerksam gemacht, dass die Aussicht, Arbeit zu erlangen, nur eine geringe sei. Wie viele Arbeiter hiernach in die Listen des Arbeitsnachweises nicht eingetragen wurden, ergiebt die folgende Tabelle:

Monat	Nicht eingeschriebene zugereiste Arbeiter nach der Herkunft																	Zusammen				Berliner welche nicht eingeschrieben wurden			
	Ostpreussen	Westpreussen	Brandenburg	Pommern	Posen	Schlesien	Sachsen-Provinz	Schleswig-Holstein	Hannover	Westfalen	Hessen-Nassau	Rheinprovinz	Bayern	Königreich Sachsen	Grossherzogthum Baden	Mecklenburg	Sachsen-Anhalt	Braun. Hamburg Elsass-Lothringen	Ausland							
																				1893	1894	1895	1896	1893	1894	1895	1896
Januar	12	18	6	10	2	4	6	5	2	4				18	4	—	—			191	62	83	80	221	328	271	254
Februar	14	6	18	16	10	5	1	6						6	—	—	—			93	60	58	43	198	277	241	252
März	29	10	31	16	12	8	4	2		1	3	—	1	8	2	—	1			119	86	77	58	167	294	116	168
April	17	12	15	11	13	12	1	2	5	4	1	—	1	10	2	3		2	1	115	103	84	62	48	139	131	124
Mai	8	4	10	9	6	3		3	1	3	3	2	1	8	2	—	1	1		65	82	41	32	20	57	82	91
Juni	6	3	4	6	2	6	1	—	1		1	1	—	8	1	1	1	2	1	46	68	35	27	37	92	119	115
Juli	10	6	12	8	1	6		4	4	6	2	6	1	10	3	1	—			85	56	43	37	80	83	94	90
August	6	4	8	1	2	5		3	—	—				4	1	—	—			35	32	51	38	33	70	92	105
September	8	3	4	3	2	2		1	—	1				6	1	2	1			31	21	26	15	21	51	72	82
October	24	19	70	20	15	17	5	6		1	2	4	1	2	26	2	1	2	1	221	316	203	197	225	279	236	210
November	21	10	40	16	14	12	1	4	6	2	3	6	—	18	3	—	1	1	2	167	296	246	189	291	364	241	247
Dezember	8	6	11	6	5	4	—	2	1	1	—			6	1	1	1	1		54	71	74	85	179	184	202	212
Ueberhaupt 1896	152	109	227	119	93	80	10	40	27	32	17	30	8	4	5	125	22	5	9 10	3	1130			1528			
" 1895	128	97	180	109	133	122	28	52	31	33	12	2	1	5		82	29	7	16 19	7		1103				2074	
" 1894	112	91	238	174	99	102	14	18	21	28	15	17		5		76	17	11	23 23	4			1099				1979	
" 1893	81	108	194	122	94	89	—	13	10	10	5	—		—		55	11	10	21 20	2				848				1949

Was die **Höhe der Löhne** anlangt, so wurde in der Regel als Wochenlohn gezahlt für erwachsene Arbeiter: 15 bis 18 Mk., für Arbeitsburschen: 9 bis 12 Mk.

Die **Benutzung der Büchersammlung** hat sich ungefähr auf derselben Höhe wie im Vorjahre gehalten:

Monat	1892 Anzahl der verausgabten Bücher	1893 Anzahl der verausgabten Bücher	1894 Anzahl der verausgabten Bücher	1895 Anzahl der verausgabten Bücher	1896 Anzahl der verausgabten Bücher
Januar	—	438	556	525	563
Februar	—	666	538	547	594
März	—	526	540	561	579
April	141	612	486	512	483
Mai	251	586	476	396	366
Juni	181	639	642	538	442
Juli	432	512	421	327	312
August	222	640	596	496	431
September	205	681	572	579	498
Oktober	226	796	746	721	746
November	493	753	628	642	652
Dezember	317	372	431	339	376
Zusammen	2486	7211	6672	6180	6042

Die Einrichtung der Bibliothek hat sich als sehr zweckmässig und empfehlenswerth erwiesen. Neben den Büchern werden auch die Tageszeitungen eifrig gelesen. Als Pfand wird bei der Entnahme der Bücher und Zeitungen der Legitimationsschein hinterlegt, welcher für die Arbeiter einen Werth von 20 Pf. darstellt. In Folge dessen werden die entliehenen Bücher in der Regel prompt zurückgeliefert.

Die **Cantine** des Arbeitsnachweises erfreute sich, entsprechend dem gestiegenen Verkehr, eines regeren Zuspruchs, wie im Vorjahre. Es konnte noch ein Ueberschuss von 1381 Mk. an die Kasse des Centralvereins abgeführt werden. Hierbei mag ausdrücklich hervorgehoben werden, dass nur die besten Materialien für die Cantine zur Verwendung gelangen.

Verkauf in der Cantine des Arbeits-Nachweises 1896.

9602 Tassen Kaffee mit Milch und Zucker	à 5 Pf.	8394 gestrichene Schrippen	à 5 Pf.
3624 , Milch	à 5 ,	4058 , Stullen	à 5 ,
620 ganze Flaschen Braunbier	à 10 ,	2637 Stücke Wurst	à 10 ,
9339 Liter Lagerbier { 1 Glas 0,2 Liter	à 5 ,	7068 Cigarren	à 10 ,
{ 1 , 0,4 ,	à 10 ,	11517 ,	3 für 10 ,
9362 trockene Schrippen	à 2½ ,	46717 Cigaretten	à 1 ,

Bilanz der Cantine für das Jahr 1896.

Soll	M.	Pf.	Haben	M.	Pf.	M.	Pf.
An Einrichtungskosten-Konto	1	—	Per Central-Verein für Arbeits-Nachweis				
, Lebensmittel-Konto:			Saldo vom Jahre 1895	166	75		
Werth der Vorräthe	63	68	diesjähriger Gewinn der Kantine				
, Kassa-Konto:			M. 1929.89				
baar vorhanden	33	10	abzüglich Unkosten 548.56	1381	03		
				1547	78		
			dagegen gemachte Zahlungen	1450	—		
	97	78				97	78

Auf die Nothwendigkeit und Zweckmässigkeit der Verbindung einer Cantine mit dem Arbeitsnachweis haben wir wiederholt hingewiesen: „Die Arbeiter sind dann nicht genöthigt, schlechte Lokale aufzusuchen, in welchen sie bei hohen Preisen schlechte Speisen und Getränke erhalten und auch wohl vielfach beim Trinken Arbeit und gute Vorsätze vergessen."

B. Facharbeitsnachweis.

I. Maler und Anstreicher.

Angebotene Arbeitskräfte . . . . 6000 (1895: 4657).
Besetzte Stellen . . . . 4630 (1895: 3655).

Das Nähere ist aus folgender Tabelle ersichtlich:

	Angebotene Arbeitskräfte.									Besetzte Stellen.									Von 100 Arbeitsuchenden wurden untergebracht.					
	1894.			1895.			1896.			1894.			1895.			1896.			1894		1895.		1896	
	Maler	Anstr.	Sa.	Maler	Anstr.	Sa.	Maler	Anstr.	Sa.	Maler	Anstr.	Sa.	Maler	Anstr.	Sa.	Maler	Anstr.	Sa.	Maler	Anstr.	Maler	Anstr.	Maler	Anstr.
Januar	.	.	.	100	27	127	208	27	235	.	.	.	8	4	12	35	4	39	.	.	8,0	14,8	16,8	14,8
Februar	.	.	.	103	29	132	129	27	156	.	.	.	22	3	25	33	1	34	.	.	21,3	10,4	25,6	3,7
März	.	.	.	257	74	331	428	115	543	.	.	.	161	34	194	449	128	577	.	.	62,6	45,4	104,9	111,8
April	.	.	.	389	125	514	434	154	588	.	.	.	295	97	392	372	102	554	.	.	75,8	77,6	85,6	105,2
Mai	.	.	.	362	114	446	517	149	666	.	.	.	325	95	420	360	89	452	.	.	87,9	83,3	59,8	55,7
Juni	.	.	.	395	99	494	643	155	808	.	.	.	252	86	338	314	76	390	.	.	63,8	86,9	48,1	49,0
Juli	.	471	182	653	463	121	584	498	98	596	343	95	438	542	158	700	508	106	644	72,8	52,2	117,1	130,6	108,0	98,0
August	.	458	120	676	583	148	731	753	119	872	283	105	388	445	103	548	548	04	662	62,1	87,5	79,0	69,6	75,4	79,0
September	393	113	506	526	141	667	583	120	703	372	109	481	566	158	724	648	171	859	94,7	96,5	107,6	112,1	113,0	135,7
Oktober	.	400	94	494	436	75	511	528	78	601	189	37	226	197	81	281	299	67	366	47,3	39,4	45,2	45,7	57,2	85,9
November	81	7	88	47	8	55	142	10	152	30	2	32	36	5	41	55	7	62	37,0	28,6	76,6	62,5	38,7	70,0
Dezember	24	2	26	63	2	65	65	9	74	16	2	18	21	8	29	48	9	51	66,6	100,0	33,7	400,0	73,8	30,0
Summa	1825	518	2343	3694	963	4657	4933	1067	6000	1234	350	1584	2870	785	3655	3726	062	4630	67,6	67,6	77,7	81,7	75,6	84,5

Gegen das Vorjahr hat ein sehr erfreulicher Fortschritt stattgefunden, indem rund 1000 Arbeitsstellen mehr besetzt werden konnten. Die fortschreitende Entwickelung hat auch im neuen Jahre angehalten, so dass wir hoffen können, unser Ziel, den Arbeitsnachweis zum Mittelpunkt der Vermittlung für das gesammte Gewerbe zu machen, bald zu erreichen. Die schwache Vermittlung in den Wintermonaten (November, Dezember, Januar, Februar) hat ihren natürlichen Grund in dem Ruhen der Bauthätigkeit.

II. Schlosser.

Angebotene Arbeitskräfte 2181 (1895 Juli-Dezember: 1346).
Besetzte Stellen . . 1483 (1895 " " 1071).

Das Nähere ergiebt sich aus folgender Tabelle:

Monat	Angebotene Arbeitskräfte		Besetzte Stellen		Von 100 Arbeitsuchenden wurden untergebracht	
	1895	1896	1895	1896	1895	1896
Januar	.	193	.	57	.	29,3
Februar	.	163	.	69	.	42,3
März	.	169	.	179	.	105,9
April	.	240	.	214	.	89,0
Mai	.	219	.	129	.	58,9
Juni	.	240	.	139	.	57,0
Juli	265	185	134	88	50,6	47,6
August	225	157	219	163	97,3	103,8
September	238	165	274	140	115,1	84,8
Oktober	325	208	243	132	74,8	63,5
November	193	141	111	99	57,5	70,2
Dezember	100	92	90	74	90,0	80,9
Summa	1346	2181	1071	1483	79,6	68,0

III. Klempner.

Angebotene Arbeitskräfte 1514 (1895 Juni-Dezember: 978)
Verlangte Arbeitskräfte . 1334 (1895 „ „ 903).
Besetzte Stellen . . . . 1300 (1895 „ „ 875).

Das Nähere ergiebt sich aus folgender Tabelle:

Monat	Angebotene Arbeitskräfte		Zu besetzende Stellen		Besetzte Stellen		Von 100 Arbeitsuchenden wurden untergebracht		Von 100 offenen Stellen wurden besetzt	
	1895	1896	1895	1896	1895	1896	1895	1896	1895	1896
Januar	.	133	.	57	.	55	.	41,4	.	96,5
Februar	.	67	.	43	.	41	.	61,2	.	93,0
März	.	85	.	78	.	77	.	90,6	.	98,7
April	.	135	.	132	.	128	.	94,8	.	97,0
Mai	.	126	.	103	.	98	.	77,8	.	95,1
Juni	20	155	17	139	10	136	35,2	87,7	94,1	97,8
Juli	230	165	152	136	144	134	61,0	81,2	94,7	98,5
August	133	137	135	128	134	125	100,8	91,2	99,3	97,6
September	183	161	185	193	183	189	100,0	117,4	98,9	95,3
Oktober	173	145	218	176	211	171	122,0	118,0	96,8	97,1
November	116	134	112	107	106	104	91,4	77,6	94,6	97,2
Dezember	108	71	84	42	81	42	75,0	59,2	96,4	100,0
Summa	978	1514	903	1334	875	1300	89,5	88,1	96,9	97,5

IV. Maurer und Zimmerer.

Angebotene Arbeitskräfte . 234 (1895 Juli-Dezember: 408).
Verlangte Arbeitskräfte . . 193 (1895 „ „ 253).
Besetzte Stellen . . . . 155 (1895 „ „ 230).

Das Nähere ergiebt die folgende Tabelle:

Monat	Angebotene Arbeitskräfte 1895			1896			Zu besetzende Stellen 1895			1896			Besetzte Stellen 1895			1896			Von 100 Arbeitsuchenden wurden untergebracht 1895		1896		Von 100 offenen Stellen wurden besetzt 1895		1896	
	M	Z	L	M	Z	L	M	Z	L	M	Z	L	M	Z	L	M	Z	L	M	Z	M	Z	M	Z	M	Z
Januar				9		9																				
Februar				5	2	7				1		1				1		1			20,0				100,0	.
März				15	27	12				5	47	42				5	26	31			33,3	96,3			100,0	70,3
April				19	22	40				17	25	42				10	22	32			55,2	100,0			58,0	88,0
Mai				11	17	28				2	22	24				2	15	17			18,2	88,2			100,0	68,2
Juni				15	7	22	.			10	2	12				10	2	12			66,7	26,8			100,0	100,0
Juli	162	79	261	20	10	30	92	43	113	10	2	21	87	43	108	10	2	21	56,7	54,4	95,0	20,0	94,6	100,0	100,0	100,0
August	60	27	87	10	5	14	18	8	26	2	1	13	18	8	26	9	1	10	30,0	29,6	90,0	20,0	100,0	100,0	75,0	100,0
September	20	8	87	11	6	17	16	10	26	15	8	23	16	10	26	10	6	16	75,2	125,0	90,8	100,0	100,0	100,0	66,6	75,0
Oktober	8	7	15	7	4	11	13	6	19	5	2	7	13	6	19	5	2		162,5	85,7	71,4	50,0	100,0	100,0	100,0	100,0
November	11	4	15	6		6	37	1	38	6		6	19	1	20	6		6	172,7	25,0	100,0		51,4	100,0	100,0	
Dezember	11	9	13	5	2	7	5	4	10	2		2	5	4	19	2		2	45,5	200,0	40,0		100,0	100,0	100,0	
Summa	281	127	408	132	102	234	181	72	253	84	99	193	158	72	230	70	70	155	56,2	56,7	59,9		87,3	100,0	81,4	76,8

In dieser Abtheilung hat ein entschiedener Rückgang stattgefunden. Auf die Schwierigkeiten der Vermittlungsthätigkeit in diesem Gewerbe haben wir im vorigen Bericht hingewiesen: die Umschau hat sich so tief eingenistet, dass wir fast die Hoffnung aufgeben müssen, einen erfolgreichen Kampf hiergegen zu führen. Die Annahme der Arbeiter auf den Bauplätzen liegt in den Händen der Poliere und die Meister haben nicht die Kraft, vielleicht auch nicht den Willen, hier Wandel zu schaffen. Die Arbeiter suchen die Bauplätze täglich ab und werden an Ort und Stelle sofort eingestellt; das ist den

Polieren bequemer, wenn auch der Zustand für die Arbeiter ein höchst unerwünschter ist. Der hiesige Bund der Bau-, Maurer- und Zimmermeister (Innung) hat den besten Willen, uns in unseren Bestrebungen zu unterstützen, er kann indess Nichts ausrichten.

V. Lackirer.

Der Lackirer-Arbeitsnachweis wurde im Februar eingerichtet, hat indess eine nennenswerthe Thätigkeit nicht entfalten können. Ungünstig für die Entwickelung dieser Abtheilung war ein vor der Eröffnung der Gewerbe-Ausstellung ausgebrochener Strike. Den in dieser Zeit eingegangenen zahlreichen Gesuchen der Arbeitgeber konnte nicht entsprochen werden, weil sich die Arbeitnehmer vom Arbeitsnachweis fernhielten. Um unsere unparteiische Stellung in der Streikbewegung zu wahren, haben wir es unterlassen Schritte zu thun, um Arbeitnehmer heranzuziehen.

Es betrug die Zahl
- der angebotenen Arbeitskräfte 89,
- der verlangten Arbeitskräfte 143,
- der besetzten Stellen . . . . 62.

Das Nähere ergiebt sich aus folgender Tabelle:

Monat	Angebotene Arbeitskräfte	Zu besetzende Stellen	Besetzte Stellen	Von 100 Arbeitsuchenden wurden untergebracht	Von 100 offenen Stellen wurden besetzt
Februar	9	6	6	66,7	100,0
März	11	32	8	72,6	25,0
April	.	33	.	—	—
Mai	3	12	3	100,0	25,0
Juni	13	10	8	61,5	80,0
Juli	14	15	8	57,1	53,3
August	8	12	8	100,0	66,7
September	11	8	8	67,3	100,0
Oktober	13	12	10	76,0	83,3
November	8	3	3	50,0	100,0
Dezember	1	—	—	—	—
Summa	89	143	62	69,7	43,3

VI. Handschuhmacher, Nadler und Siebmacher, Lederzurichter und Gerber.

Im Juni wurden Arbeitsnachweise für die oben genannten Gewerbe im Einvernehmen mit den betr. Innungen eingerichtet, die indessen gleichfalls zu einer erheblichen Thätigkeit nicht gelangten,

Es betrug die Zahl
- der angebotenen Arbeitskräfte 12,
- der verlangten Arbeitskräfte 27,
- der besetzten Stellen . . . . 9.

Das Nähere ergiebt die folgende Tabelle:

Monat	Handschuhmacher			Nadler u. Siebmacher			Lederzurichter u. Gerber		
	Eingeschriebene Personen	Zu besetzende Stellen	Besetzte Stellen	Eingeschriebene Personen	Zu besetzende Stellen	Besetzte Stellen	Eingeschriebene Personen	Zu besetzende Stellen	Besetzte Stellen
Juni	2	2	1	.	2	1	1	1	.
Juli	1	1	1	2	.	.	1	.	.
August	.	2	1	.	2	.	.	3	.
September	1	2	1	1	1	2	2	2	1
Oktober	.	3	.	.	1	.	.	2	.
November	1	1	1	.	1	.	.	1	.
Dezember	.	.	.	.	.	.	.	.	.
Summa	5	11	5	3	7	3	4	9	1

— 13 —

Was den **Familienstand** sämmtlicher in den Listen des Arbeitsnachweises eingetragenen Personen anlangt, so waren

verheirathet . . . . 8 144.
ledig . . . . 16 488.

Unter den ledigen Personen der allgemeinen Abtheilung befanden sich 3872 Lauf- und Arbeitsburschen.

Das Nähere ergiebt die folgende Tabelle:

Monat	Arb., Hausd., Kutscher u. Diverse p. p.		Maler und Anstreicher		Schlosser		Klempner		Maurer und Zimmerer		Lackirer		Handschuhmacher, Nadler, Lederzurichter	
	verheirathet	ledig	verheirathet	ledig	verheirathet	ledig	verheirathet	ledig	verheirathet	ledig	verheirathet	ledig	verheirathet	ledig
Januar	262	800	122	113	40	153	29	104	8	1	.	.	.	.
Februar . . .	233	571	72	84	39	124	24	43	5	2	2	7	.	.
März	265	744	221	329	37	132	37	48	31	11	3	8	.	.
April	356	1015	389	249	48	201	53	82	23	17	.	.	.	.
Mai	257	882	419	247	44	175	44	82	17	11	1	2	.	.
Juni . . .	421	1183	359	449	47	193	58	97	12	10	5	8	.	3
Juli . . .	343	1012	312	284	33	152	47	118	22	8	5	9	1	3
August . . .	395	1040	457	415	29	128	62	75	13	2	4	4	.	.
September . .	486	912	353	356	30	135	62	99	12	5	5	6	1	3
Oktober . . .	376	1135	290	311	39	169	58	87	9	2	2	11	.	.
November . .	323	891	53	99	24	117	60	74	3	3	1	5	1	.
December . .	209	492	41	33	20	72	24	47	5	2	.	1	.	.
Summa	3925	10677	3040	2960	430	1751	558	956	160	74	28	61	3	9

C. Landwirthschaftlicher Arbeitsnachweis.

Die Landwirthschaftskammer für die Provinz Sachsen hat in unseren Räumen eine Filiale ihres Arbeitsnachweises eingerichtet. Die Verwaltung des Arbeitsnachweises geschieht durch einen von der Landwirthschaftskammer angestellten und besoldeten Beamten. Es wurden vermittelt in der Zeit vom 16. Oktober bis 31. Dezember 1896 73 Stellen, in der Zeit vom 1. Januar bis 31. März 1897 34 Stellen, insgesammt 107 Stellen.

Das Nähere ergeben die folgenden Tabellen:

16. Oktober bis 31. Dezember 1896.

Monat	Pferdeknechte	Ochsenknechte	Pferdejungen	Futterknechte	L.-Arbeiter	Im Ganzen
Oktober	7	1	—	1	—	9
November	22	3	3	6	—	34
Dezember	10	—	—	4	16	30
Summa	39	4	3	11	16	73

1. Januar bis 31. März 1897.

Monat	Pferdeknechte	Ochsenknechte	Pferdejungen	Futterknechte	Schweizer	L.-Arbeiter	Mägde	Im Ganzen
Januar . .	16	2	1	2	—	—	1	22
Februar . .	4	—	—	—	2	—	—	6
März . .	4	2	—	—	—	—	—	6
Summa	24	4	1	2	2	—	1	34

Wenn die Vermittlungsthätigkeit bis jetzt keinen grossen Umfang angenommen hat, so hat dies zum Theil seinen Grund darin, dass die landwirthschaftlichen Arbeitgeber der Provinz Sachsen nur gelernte landwirthschaftliche Arbeiter annehmen wollen, welche durch Zeugnisse ihre Befähigung nachweisen. Es konnte eine grosse Anzahl von Arbeitern, welche sich für die ausgebotenen Stellungen meldeten, nicht genommen werden, weil sie diese Voraussetzung entweder garnicht oder nur in ungenügender Weise erfüllen konnten. Der Verein wird sich bemühen, mit anderen Provinzen weitere Verbindungen anzuknüpfen. Wenn dann die Arbeitgeber ihre Anforderungen etwas herunterstimmen, so wird es vielleicht möglich sein, Arbeiter in grösserer Zahl aufs Land zu bringen. Im Allgemeinen ist aber die Unlust der Arbeiter, landwirthschaftliche Arbeit anzunehmen, hier wie aller Orten in hohem Grade vorhanden.

Abtheilung II. Arbeitsnachweis für weibliche Personen.

Angebotene Arbeitskräfte 3013 (1895: 3392)
Verlangte Arbeitskräfte 1794 (1895: 1997)
Besetzte Stellen 1662 (1895: 1882)

Die Interesselosigkeit der Arbeitgeber an der Einrichtung, über die wir in allen früheren Berichten zu klagen gehabt haben, hat angedauert, so dass wir im Berichtsjahr einen Rückgang zu verzeichnen haben. Seit Einrichtung der Abtheilung für weibliche Personen, sind 8856 Stellen vermittelt worden. Das neue Geschäftsjahr hat befriedigender begonnen, so dass wir hoffen können wieder eine fortschreitende Entwickelung zu nehmen.

Die **Berufsvertheilung** bei der Vermittelungsthätigkeit ergiebt sich aus Folgendem:

Beruf	Stellensuchende Arbeiterinnen 1891 1892 1893 1894 1895 1896	Zu besetzende Stellen 1891 1892 1893 1894 1895 1896	Besetzte Stellen 1891 1892 1893 1894 1895 1896
1. Fabrikarbeiterinnen	303 609 1578 2046 1546 1056	70 146 422 656 429 355	49 140 389 630 404 315
2. Packerinnen	— 27 46 76 82 73	25 45 91 58 80 73	25 48 83 51 77 68
3. Metallarbeiterinnen	27 65 118 192 105 285	40 101 117 120 111 175	30 94 104 105 102 164
4. Luxuspapierarbeiterinnen	4 24 124 109 162 220	— 33 70 24 98 60	— 17 46 24 81 58
5. Buchbinderinnen	15 52 87 82 96 81	11 32 101 150 169 117	10 23 92 151 149 106
6. Auslegerinnen	235 568 561 509 820 895	262 806 422 430 717 679	231 301 389 407 650 636
7. Bogenfängerinnen	110 236 114 176 245 230	95 154 129 150 360 196	95 147 123 140 196 174
8. Falzerinnen	5 16 22 60 44 57	8 20 27 21 28 54	9 22 23 19 26 51
9. Punktirerinnen	113 286 201 187 213 144	110 150 180 119 123 89	101 146 122 112 118 90
10. Näherinnen	12 3 8 — 2 —	17 35 22 — 3 —	16 22 22 — 3 —
11. Wäsche-Ausbesserinnen	13 2 — — — 3	1 1 — — — —	— — — — — —
12. Plätterinnen	3 — — — — —	— — — — — —	— — — — — —
13. Wäscherinnen und Aufwärterinnen	22 38 13 40 9	35 40 24 48 35	21 37 24 43 34
14. Federarbeiterinnen	16 4 — — — —	15 2 — — — —	15 1 — — — —
15. Comptoirarbeiterinnen	12 — — — — —	— — — — — —	— — — — — —
Ueberhaupt	888 1960 2872 3509 3392 3013	689 1071 1535 1789 1997 1794	536 998 1436 1682 1882 1662

Von den 3013 eingeschriebenen weiblichen Personen waren 286 verheirathet.

— 15 —

Dem **Alter** nach ergab sich folgende Vertheilung der Arbeitsuchenden:

Alter	1891		1892		1893		1894		1895		1896	
	Personen	%	Personen	%	Personen	%	Personen	%	Personen	%	Personen	%
unter 16 Jahren	71	8,0	187	9,5	226	7,8	291	8,3	221	6,5	209	6,0
16—20 „	417	47,0	833	42,5	1309	45,5	1878	53,6	1748	52,7	1504	50,0
21—25 „	167	18,8	500	25,5	836	29,1	862	24,6	928	27,2	821	27,2
26—30 „	106	11,9	177	9,0	265	9,3	234	6,7	231	6,5	231	7,6
31—35 „	64	7,2	140	7,1	114	3,9	115	3,2	111	3,3	127	4,2
36—40 „	25	2,8	83	4,2	71	2,5	83	2,4	84	2,5	67	2,3
41—45 „	17	1,9	24	1,2	30	1,0	26	0,7	34	1,0	34	1,2
46—50 „	13	1,5	13	0,6	18	0,5	3	0,4	10	0,3	19	0,6
über 50 Jahre	5	0,6	3	0,4	2	0,4	3	0,1	—	—	—	—
ohne Angabe	3	0,3	—	—	—	—	—	—	—	—	—	—
Zusammen	888	100,0	1980	100,0	2873	100,0	3503	100,0	3392	100,0	3013	100,0
Davon wohnen bei den Eltern	371	41,8	678	34,6	1403	48,9	1947	55,6	1943	57,3	1633	64,1

Die Vertheilung der Geschäftsthätigkeit nach den einzelnen Monaten ergiebt sich aus folgenden Tabellen:

Monat	Angebotene Arbeitskräfte						Zu besetzende Stellen						Besetzte Stellen					
	1891	1892	1893	1894	1895	1896	1891	1892	1893	1894	1895	1896	1891	1892	1893	1894	1895	1896
Januar	.	265	235	378	329	309	.	88	83	161	122	130	.	81	81	153	118	129
Februar	.	168	192	236	249	242	.	100	100	122	149	147	.	81	97	110	145	136
März	.	134	173	268	306	209	.	94	147	142	230	145	.	93	136	130	223	131
April	.	130	238	309	328	253	.	70	134	143	157	141	.	68	121	131	148	132
Mai	.	112	235	221	251	216	.	73	135	109	130	140	.	62	121	107	131	134
Juni	95	140	216	224	250	300	37	91	87	110	134	164	26	87	83	109	128	153
Juli	72	152	225	251	299	210	60	24	134	134	167	142	41	69	126	124	158	135
August	128	149	249	253	311	223	98	101	121	181	200	162	83	89	117	168	180	151
September	136	145	278	308	291	255	126	103	198	235	238	201	113	99	186	215	210	177
Oktober	118	245	340	439	294	323	106	134	183	212	184	212	92	131	163	196	180	192
November	232	193	270	315	282	304	170	83	135	158	174	134	153	80	126	154	163	122
Dezember	109	105	152	197	163	141	93	53	78	82	93	73	81	52	76	81	80	170
Zusammen	888	1960	2872	3503	3392	3013	690	1071	1535	1789	1997	1794	596	1008	1436	1682	1882	1662

Monat	Von 100 Arbeitsuchenden wurden untergebracht						Von 100 offenen Stellen wurden besetzt						Auf 100 Arbeitsuchende entfielen offene Stellen					
	1891	1892	1893	1894	1895	1896	1891	1892	1893	1894	1895	1896	1891	1892	1893	1894	1895	1896
Januar	.	30,6	31,7	40,1	35,8	42,9	.	92,0	97,6	95,0	95,7	90,9	.	33,2	32,5	42,6	37,4	43,6
Februar	.	54,2	50,5	42,3	58,2	56,1	.	91,0	97,0	90,1	97,3	92,6	.	59,5	52,1	51,7	59,8	60,7
März	.	67,1	74,5	50,3	72,9	62,6	.	94,9	92,5	91,5	96,8	90,3	.	71,0	85,0	55,0	75,2	64,1
April	.	45,3	50,8	43,9	45,1	51,1	.	80,0	90,2	93,7	94,2	93,6	.	50,03	56,3	46,3	47,0	55,7
Mai	.	56,2	52,7	48,4	52,1	61,4	.	86,3	91,8	98,1	94,2	95,7	.	65,2	57,4	49,3	55,4	64,2
Juni	27,3	58,3	38,4	47,3	40,4	51,0	70,0	92,0	95,4	96,3	95,5	92,2	38,9	63,1	40,3	40,1	51,7	54,6
Juli	56,0	45,1	56,0	50,0	42,6	56,2	81,0	93,2	94,0	93,6	94,0	95,0	83,3	48,7	58,8	53,4	55,8	59,1
August	64,8	60,7	46,4	47,5	55,4	44,2	84,5	96,1	96,0	92,8	90,4	93,2	76,6	67,8	48,6	51,3	61,3	72,1
September	82,3	68,3	66,0	70,9	72,1	60,8	88,8	96,1	93,9	91,0	88,2	88,0	92,6	71,0	71,2	77,6	81,8	78,8
Oktober	70,3	53,5	42,8	44,7	61,2	65,3	92,0	97,7	89,0	92,4	97,8	90,5	91,4	54,7	48,2	48,4	62,6	65,6
November	65,9	41,5	45,1	45,9	57,6	43,2	86,9	96,3	93,8	97,4	91,0	73,3	43,0	48,4	47,4	61,7	44,0
Dezember	74,3	49,5	50,0	41,1	31,8	42,5	87,0	94,1	97,4	98,7	95,6	85,8	85,3	50,5	51,3	41,6	57,1	51,7
Zusammen	77,7	50,9	50,0	48,0	55,4	55,1	86,3	93,2	93,5	94,0	94,2	92,6	77,7	51,6	53,4	51,1	58,9	59,5

Wir schliessen den Bericht, indem wir die in allen früheren Berichten ausgesprochene Bitte an unsere Mitglieder wiederholen: die Interessen unseres Vereins, insbesondere nach zwei Richtungen hin wahrzunehmen. **Einwirkung auf die Arbeitgeber zur Benutzung des Arbeitsnachweises und Werbung neuer Mitglieder.**

Berlin, im April 1897.

Der Vorstand.
Dr. Freund.

Kassen-Abschluss des Centralvereins für Arbeitsnachweis pro 1896.

	M.	Pf.	M.	Pf.		M.	Pf.	M.	Pf.
Cassa-Conto					**Miethe-Conto**				
Baar-Bestand am 1. Januar 1896	—	—	3 216	27	Abtheilung I	4500	—		
Effecten-Conto					„ II	500	—	5 000	—
ein Depot bei der Deutschen					**Bureau-Unkosten-Conto**				
Bank . . . . M. 13000					Abtheilung I.				
hinterlegte Cautionen beim					Fernsprech-Anschluss-Conto	296	67		
Eisenbahn-Betriebsamt . 6600					Wasserverbrauch- etc. Conto	277	38		
M. 20500					Porto-Ausgaben-Conto	129	84		
Effecten-Verkauf					Salair-Conto	4600	—		
4500 M. 3½% Berl. Stadtanleihe			4 570	40	Drucksachen-Conto	1324	75		
Mitglieder-Beiträge					Insertion- und Säulenausschlag-Conto	103	10		
1. Immerwährende	—	—			Conto pro Diverse	818	95		
2. Jährliche (darunter 5000 M. vom					Reparaturen-Conto	214	23		
Magistrat)	—	—	8 854	—	Bureau-Unkosten-Conto	467	99		
Schenkungen und Vermächtnisse					Lackirer-Vermittlungs-Conto	38	96		
Einmaliger Beitrag	—	—	130	—	Handschuhmacher-Vermittlungs-				
Gebühren für Einschreibungen					Conto	12	75		
Abtheilung I männlicher Nachweis	2912	20			Lederzurichter-Vermittlungs-Conto	12	85		
„ II weiblicher „	602	60	3 514	80	Nadler- und Siebmacher-Vermittlungs-Conto	11	42	8 226	89
Maler-Vermittelungs-Conto	—	—	558	95	Abtheilung II.				
Klempner-Vermittelungs-Conto	—	—	300	15	Fernsprech-Anschluss-Conto	37	50		
Schlosser-Vermittelungs-Conto	—	—	44	25	Bureau-Unkosten-Conto	179	82		
Maurer- und Zimmerer-Vermittelungs-Conto	—	—	44	60	Salair-Conto	1430	—		
Sammelbüchsen-Conto					Porto-Conto	6	50		
Einnahme-Abtheilung I u. II	—	—	12	50	Beleuchtungs-Conto	14	05		
Cantinen-Conto					Insertions-Conto	5	—	1 672	87
Einnahme	—	—	1 450	—	Bureau-Utensilien-Conto				
Zinsen-Conto					Ausgabe Abtheilung I M. 8,00				
Einnahme	—	—	685	20	Ausgabe Abtheilung II „ 89,25			97	25
Conto pro Diverse					**Neubau-Conto**				
Abtheilung II weiblicher Nachweis	—	—	10	—	Ausgaben für den Ausbau und die Einrichtung von 3 Stadtbahnbögen			20 920	40
Depositen-Conto					**Stadtbahnbogen-Bau-Conto**				
Bestand am 31. 12. 95 M. 11 600,21					Ausgabe			181	93
dagegen am 31. 12. 96					**Cassa-Conto**				
Schulden 1 109,19			12 718	40	Baar-Bestand am 31. 12. 96			20	18
			M. 36 119	52				M. 36 119	52

Bei Revisionen der Bücher und Kasse pro 1896 stimmen die eingetragenen Rechnungen mit den Grundbuchungen der Bureau-Kasse und den vorhandenen Kassen-Belägen überein und ergaben per 1. Januar 1897 einen Bestand in baar von M. 20,18 und auf Effecten-Conto von M. 20 500 zum Einkaufswerth von M. 19 727,97, dagegen eine Schuld bei der Deutschen Bank von M. 1109,19.

Berlin, den 5. März 1897.

gez. **Adolph Salomon.**   gez. **Paul Roesicke.**

Voranschlag für das Jahr 1897.

Einnahme	M.	Pf.	Ausgabe	M.	Pf.
Jährliche Beiträge	3 900	—	Miethe	4 000	—
Subvention der Stadtgemeinde Berlin	5 000	—	Gehälter	7 360	—
Einschreibegebühren	5 300	—	Fernsprecher	325	—
Ueberschuss aus der Kantine	1 300	—	Drucksachen	1 000	—
Zinsen aus dem Vermögen	600	—	Porto	150	—
			Insertionen	150	—
			Sonstige Unkosten (Wasser, Steuern u. s. w.)	1 600	—
			Reparaturen	215	—
			Abschreibungen	500	—
			Zuschuss zur Miethe für die Wärmehallen lt. übernommener Verpflichtung	800	—
	16 100	—		16 100	—

Mitglieder-Verzeichniss.

(Die mit einem * bezeichneten sind immerwährende Mitglieder.)

A.
1. Ihre Majestät die Kaiserin und Königin Auguste Victoria
2. *Ihre Majestät die Kaiserin und Königin Friedrich.

B.
3. Magistrat der Stadt Berlin.
4. Aeltesten der Berliner Kaufmannschaft.
5. Charité-Direction, Königliche.

C.
6. *"Adler", Cementfabrik.
7. *Berliner Bock-Brauerei.
8. *Böhmisches Brauhaus.
9. *Bergschloss-Brauerei.
10. *Brauerei Friedrichshain.
11. *   „   Patzenhofer.
12. *   „   Schultheiss.
13. *Mecklenburger Maschinenfabrik.
14. *Nähmaschinen-Fabrik vorm. Frister & Rossmann.
15. Act.-Brauerei Moabit.
16.   „   Friedrichshöhe.
17. Victoria-Brauerei.
18. Act.-Ges. f. Anilinfabrikation.
19.   „   für Kohlensäure-Industrie.
20. Act.-Ges. J. C. Spinn & Sohn.
21. Berl. Cichorienfabrik vorm. H. L. Voigt.
22. Berliner Jute-Spinnerei und -Weberei.
23. Berliner Packetfahrt Act.-Ges.
24. Berlin-Rödersdorfer Hutfabriken.
25. Berliner Speditions- und Lagerhaus vorm. Bartz & Co.
26. Berliner Spiegel-Manufaktur.
27. Berliner Velvet-Fabrik.
28. Berliner Trinkhallen-Gesellschaft.
29. Maschinenfabr. Ludwig Löwe & Co.
30. Mix & Genest Act.-Ges.
31. Neufchateler Asphalt-Compagnie.
32. Norddeutsche Eiswerke.
33. Norddeutsches Lagerhaus.
34. Asphalt-Gesellschaft Reh & Co.
35. „Union" Baugesellschaft auf Actien.

D.
36. Rengert & Co., Commandit-Gesellschaft.
37. *Arnheim & Co., Spediteure.
38. Abarbanell, Frau Dr.
39. Abegg, Dr., Kommerzienrath und Admiralitätsrath a. D.
40. Abraham, Herm., Kaufmann.
41. Abrahamsohn, S., Kaufmann.
42. Adelsson, Anton, General-Consul.
43. Anthauer, Alb., Gas- und Wasseranlagen.
44. Arbeitsnachweis des Verbandes Berliner Metall-Industrieller.
45. Asch, Alb., Lederfabrik.
46. Arnold, E., Kommerzienrath.
47. Arnheim, Julius, Kaufmann.
48. Arons, Paul, Dr., Bankier.
49. Aschrott, Dr., Landrichter.
50. Auerbach, H. Kaufmann.
51. Auffermann, W., Fabrikbesitzer.
52. Auerbach, Kaufmann.
53. Bashford, J. L., Berichterstatter.
54. Bach, J., General-Vertreter.
55. van Baerle & Sponnagel, Fabrikanten.
56. Ball, E., Rechtsanwalt.
57. Bartels, Diedrichs & Co., Kaufleute.
58. Baswitz, A., Fabrikant.
59. Beckers Söhne, Weingrosshandlung.
60. Bein, A., Dr., Chemiker.
61. Benvenisti, A.
62. Benzer, A., Eisenhandlung.
63. Berliner, Oswald, Brauereibesitzer.
64. Berliner Medaillen-Münze.
65. Berliner Schmalzsiederei, Richard Hirschfeld & Co.
66. Bernhard, E., Ingenieur.
67. Bernhard & Co., Spediteure.

68. Bernhard & Co., Träger-wollblech.
69. Bethke, W., Maurermeister.
70. Bejach, Gebr., Kaufleute.
71. Bejach, Max, Kaufmann.
72. Bieber, Dr., Rechtsanwalt.
73. Bing, Gebr. E. & S., Kaufleute.
74. Blank & Hirsch, Kaufleute.
75. Blank, Eugen, Kaufmann.
76. Bleckmann,Ernst,Kaufmann.
77. Bleichröder,S.,Bankgeschäft.
78. Bleistein, i. F. Wilh. Druer Nachf.
79. Blumenthal, Otto, Appreturanstalt.
80. Blumenthal, R., Kaufmann.
81. Boas, Otto, Konsul.
82. von Boetticher, Staats-Minister.
83. Bödicker, Dr., Präsident des Reichs-Versicherungsamtes.
84. Boehm, Alfred, Kaufmann.
85. Boehm, Eugen, Kaufmann.
86. *Böhm, Simon, Kaufmann.
87. Bode, W., Kaufmann.
88. Borchers & Jürgens Nachfl., Eisenwaaren.
89. Braun & Rinkel, Dampfschneidemühle.
90. Brasch & Sohn, Kaufleute.
91. Bredow, Gustav, Drechslermeister.
92. Bretschneider & Gräser,Briefumschlagfabrik.
93. Brückner, Lampe & Co., Drogen en gros.
94. *Breithaupt, Brauerei-Besitzer.
95. Brunzlow, Karl, Kaufmann.
96. Buchow, P., Maurermeister, Stadtverordneter.
97. Bud, Siegmund, Kaufmann.
98. Buntebarth & Thiede, Kaufleute.
99. Bumke, Paul, Fabrikbesitzer.
100. Bund Berliner Buchdruckereibesitzer.
101. Bursch, Wilhelm, Kaufmann.
102. Bry, L., Holzhandlung.
103. Cabanis & Sohn, Färberei.
104. Camphausen, F. W., Agenturgeschäft.
105. von Carnap, M.
106. Carow, Georg, Dr. jur.
107. Casten, W. A. O., Eisenhandlung.
108. Cohn, Karl, Kaufmann.
109. Cohn, L., Rechtsanwalt.
110. Cohn, Dr., Heinrich Meyer, Bankier.
111. Cohn, Meyer, Frau.
112. Croner,Bernhard, Kaufmann.
113. Cunow & Co., Julius, Bankgeschäft.
114. Dahlmann & Uno, Kohlenhandlung.
115. Deibel, C., Rentier.
116. Deite, Dr., Fabrikbesitzer.
117. Delbrück, Ludwig, Bankier.
118. Delbrück, H., Professor.
119. Deter, A., Kaufmann und Stadtverordneter.
120. *Deutsch, Felix, Director der Allgemeinen Elektricitätsgesellschaft.
121. Dielitz, Konrad, Maler.
122. Dittmann, W., Glaschleiferei.
123. Dottl, L., Rentier.
124. Dressler, Eduard, Glaswaarenfabrik.
125. Ebart, Gebr., Kaufleute.
126. Eccardt i. F. W. Hoeltz.
127. Eck, Ernst, Dr., Professor.
128. Eisner, Siegmund, Kohlenhandlung.
129. Eisner & Kirchheim, Kaufleute.
130. Ellendt, Albert, Bank-Director.
131. *Elsenmann,General-Konsul.
132. Ems, Adolf & Co., Kaufleute.
133. Engel, Max, Kaufmann.
134. Engelhardt,Ernst,Kaufmann.
135. English Company, Bathe & Thulin.
136. Ermeier & Co., Fabrikanten.
137. Eschmann, Wilhelm, Kaufmann.
138. Evert, Regierungsrath.
139. Fabian, G., Rentier.
140. Fehr, J. H., Chem. Fabrik.
141. Feist, E., Frau.
142. Feist, Richard, Kaufmann.
143. Felsing, A., Kommerzienrath.
144. Fernbach, J. W., Kaufmann.
145. Fiegel, Benno, Kaufmann.
146. Fiegel, Leonhard, Kaufmann.
147. Fister, G., Kaufmann.
148. Flatow, Max, Kaufmann.
149. Flatow & Priemer, Fabrikanten.
150. Fleischhauer, Regierungsrath.
151. Flügge, Dr., Regierungsrath.
152. Fränkel, Simon, Fabrikant.
153. Franke, Karl, Kommerzienrath.
154. Franke, Paul,Tapezierer und Dekorateur.
155. Freund, Dr. jur.
156. Friedheim & Söhne, Fabrikbesitzer.
157. Friedländer, Gebr., Hofjuweliere.
158. Friedländer, L., Dr., Apotheker.
159. Friedländer,Fritz,Kaufmann.
160. Friedländer,S.,Rechtsanwalt.
161. Fromm, Geh. Sanitätsrath.
162. Frommelt, Ernst, Fabrikant.
163. Fürstenberg. Karl, Bankdirektor.
164. Fürstenheim & Co., Mechan. Schuhfabrik.
165. Fuchs, Max, Rechtsanwalt.
166. Fuchs, H., Kaufmann.
167. Gause, Gebr., Kaufleute.
168. Gebauer & Albrecht, Kaufleute.
169. Gericke, Wilh., Stadtverordneter.
170. Gerstel, Dr., Regierungsrath.
171. Gisevius, B., Buchdruckereibesitzer.
172. Glogowski, Kaufmann.
173. Godet & Sohn, Hofjuweliere.
174. Goldemann, J. & N., Kaufleute.
175. *Goldberger, Geh. Kommerzienrath.
176. Goldschmidt & Sethe, Lampenfabrik.

177. Goschenhofer & Rösicke, Wäschefabrik.
178. *Gottheil, Kaufmann.
179. Graebenitz, Hugo, Bankier.
180. Gragert, Bäckermeister.
181. Gravenhorst, Max, Kaufmann.
182. Grumach, Gebr., Kaufleute.
183. Grund, Gebr., Fabrikbesitzer.
184. Gruner, Geh.Regierungsrath.
185. Gundermann, Otto, Kaufmann.
186. Gundlach, R. & H., Butterhandlung.
187. Gutmann, E., Bankdirektor.
188. Guttentag, J., Verlagsbuchhändler.
189. Guttentag, Julius, GeneralKonsul.
190. Hanse, Gebr., Kaufleute.
191. *Haber, Alex, Buchdruckerei.
192. Haber, S., Buchdruckerei.
193. Haber, Otto, Kaufmann.
194. Haeger, Rudolf, Fabrikbesitzer.
195. *Hagelberg, Wilh., Fabrikbesitzer.
196. *Hahn,Geh.Kommerzienrath.
197. Hahn, Albert, Kunstwollfabrik.
198. Hahn & Kleinbolz, Färbereibesitzer.
199. Hallich, O. E., Leimfabrik.
200. Hamel,Heinrich,Seifenfabrik.
201. Hamel, Oscar, Kaufmann.
202. von Hansemann, Geh. Kommerzienrath.
203. Haese & Hartz, Spiegelfabrik.
204. Harnisch, F. L., Drogenhandlung.
205. Hecht,Ferdinand, Kaufmann.
206. Hecht, Beuno, Kontor- und Ladeneinrichtungen.
207. *Heckmann, Fabrikbesitzer.
208. Hefter, A., Hofschlächtermeister.
209. Heinrich & Raupert, Kaufleute.
210. Heidemann, R., Bierverleger.
211. Helfft, Ed., Geh.Kommerzienrath.

212. Hellmich, H., Kaufmann.
213. Helmke,E.,Fouragehandlung.
214. *Henkels,Stahlwaarenfabrik.
215. Hennig, E., Kaufmann.
216. Henninger, Max, Fabrikbesitzer.
217. Herrmann, H. S., Buchdruckerei.
218. Hermann & Friedländer, Kaufleute.
219. Herzfeld, Joseph, Rentier.
220. Herzfeld, H., MagistratsAssessor.
221. *Hey, Max, Fabrikant.
222. Heyde, E. F., Fabrikant.
223. Heyden & Kutzner, Biergrosshandlung.
224. Heyl, Herm., Gerichts-Assessor a. D.
225. Hillig & Westphal, Kaufleute.
226. Hildebrandt & Sohn, Chokoladen-Fabrik.
227. Hertz, Otto, Geh. Ober-Regierungsrath.
228. Hesse, David, Rentier.
229. Hirsch, Wilh., Sekretair des Central-Verbandes Deutscher Industrieller.
230. Hirschler,Siegmund,Bankier.
231. Hirschberg, Dr., DirektorialAssistent im Statistischen Amt.
232. Hirschmann, Siegfried, Fabrikant.
233. Hirsekorn, Dr., Stadtrath.
234. Hofmann, Ingenieur.
235. Hoffmann & Thiede, Kaufleute.
236. Höltzerlein & Co., Knopffabrik.
237. Holzapfel, Konrad, Kaufmann.
238. Hurwitz, Versandgeschäft.
239. Jacobi, L., Kaufmann.
240. Jacobi & Adam, Kaufleute.
241. Jacobsohn, Rechtsanwalt.
242. Jaeger, Oskar, Vertreter.
243. Jaffé, Paul, Prokurist der Berliner Handelsgesellschaft.
244. Jahn, Paul, Dachdeckermeister.

245. Jansa, F., Molkereibesitzer.
246. Ide, Hermann, Hoflieferant.
247. Joachimsthal, Georg, Kaufmann.
248. Jordan & Berger, Spedition.
249. Joseph, B., Fabrik für Gas und Wasser.
250. Joseph & Bender, Kaufleute.
251. Josty,Gebr.,Brauereibesitzer.
252. Italiener,Gebr., Möbel-Grosshandlung.
253. Itzig & Friedländer, Kaufleute.
254. Kahlbaum, C. A. F., Spritfabrik.
255. Kaiser, Fabrikbesitzer.
256. Kalisch, Stadtverordneter.
257. Kalläne & Meiling, Färbereibesitzer.
258. Kannengiesser, S., Bäckermeister.
259. Karow, Sophie, Frau.
260. Kaskel, Bankier.
261. Kaskel, Hugo, Dr., Direktor der Victoria-Brauerei.
262. Kaufmann, Karl, Kaufmann.
263. Keibel, H., Kaufmann und Konsul.
264. Kap-herr, Rentier.
265. Keller, A. E. H., Dachdeckermeister.
266. Kempner, M., Rechtsanwalt.
267. Kiesow & Co., Lampenfabrik.
268. Kirschner, M., Bürgermeister.
269. Klemm, Georg, Fabrikant.
270. Klein, Joseph, Maschinenfabrik.
271. Knauer, Gustav, Spediteur.
272. Knoop, J., Söhne, Weingrosshandlung.
273. Kny, L., Dr., Professor.
274. Kochhann, H., Stadtrath.
275. Königs, Elise, Fräulein.
276. Königs, F., Bankier.
277. Königsberger, Leopold, Kaufmann.
278. *Kopetzky & Co., Bankier.
279. Kraft & Lewin, Konfektion.
280. Krech, Frau, Professor.
281. Kremser, Hütten-Direktor.
282. Kristeller, Gebr., Kaufleute.

283. Kronecker, Walter, Gerichts-Assessor.
284. Kronecker, Dr., Landgerichtsrath.
285. Krüger, Max, Glacelederfabrik.
286. Krüger & Staerk, Kaufleute.
287. Kubitz & Imberg, Goldleistenfabrik.
288. Kutzner, Otto, Kaufmann.
289. Kühl & Rönicke, Kaufleute.
290. Kühlstein, Kgl. Hoflieferant.
291. Kühne, Karl, Fabrikant.
292. Landau, E., General-Konsul.
293. Landré, A., Brauereibesitzer.
294. Landshoff, Fabrikbesitzer.
295. Langenbucher, Stadtverordneter.
296. Langner, W., Fuhrherr.
297. Lassar, Dr., Professor.
298. Lassberg, M., Lackiranstalt.
299. Lehfeldt, Dr., Rechtsanwalt.
300. Lehmann, Dr., Mineralwasser-Niederlage.
301. Lehmann, Anton & Alfred, Kaufleute.
302. Lent, Königlicher Baurath.
303. Lentz, E. A., Kupferschmied.
304. Leo, Rud., Dr., Magistrats-Assessor.
305. Levy, Julius, Rechtsanwalt.
306. Levy, Albert, Dr., Privatgelehrter.
307. Levy, Karl, Bankier.
308. Levinsohn, E., Kaufmann.
309. Levisson, Julius, Kaufmann.
310. Levysohn, Otto, Verlagsbuchhändler.
311. Lewenz, M., Frau.
312. *Lewy, Gebr., Produktenhandlung.
313. Leyser, Rechtsanwalt.
314. Liebermann, Elise, Frau.
315. Liebermann & Söhne, Kaufleute.
316. Liebreich, Dr., Professor, Geh. Medicinal-Rath.
317. Liepmann, J., Frau.
318. Lietz, Ludwig, Asphaltgeschäft.
319. Lindemann, C., Fuhrherr.

320. Lindenberger, J., Fischhandlg.
321. Lissauer, Hugo, Kommerzienrath.
322. *Loeser & Wolff, Kaufleute.
323. Loewenstein, D., Steindruck.
324. Lövy, S. A., Kaufmann.
325. Lüben, Otto, Stadtverordn.
326. Lücke, Restaurateur.
327. Luther & Co., Spediteure.
328. Maass, Adolph, & Co., Kaufleute.
329. Manus & Röhmann, Kaufleute.
330. Malachowski, Königl. Reg.-Baumeister.
331. Mamroth, Ed., Bankier.
332. Mamroth, Direktor.
333. Marcus, Max, Glasermeister.
334. Martin, R., Marzipanfabrik.
335. Maurer & Brucht, Weingrosshandlung.
336. Meilicke, A., Färbereibesitzer.
337. Meissner, Erich, Dr., Rechtsanwalt.
338. Meitzen, August, Dr., Profess.
339. von Mendelsohn, Marie, Frau.
340. *Mendelsohn, L., Kaufmann.
341. Mengers, Paul, Fabrikbesitz.
342. Mengers, Alfred, Dr., Fabrikbesitzer.
343. Mentel, A. Fabrikant.
344. Mertens & Jänicke, Zuckerwaarenfabrik.
345. Messel, Regierungs-Baumstr.
346. Meyer, Samuel, Produktenhandlung.
347. Meyer, Emanuel, Fabrikant.
348. Meyer, F., Lederhandlung.
349. Meyer, C. R., Schneidemühle.
350. Meyer, Heinr., Dr., Magistr.-Assessor.
351. Meyer, Nachfl., Papierhandlg.
352. Meyer-Gerson, Anna, Frau.
353. Meyner, Nachfl., E., Dampfmühle.
354. Minden, Georg, Dr., Syndikus.
355. Minlos, Emil, Rentier.
356. Mitsch, Chr., Tischlermeister.
357. Mitscher & Caspari, Weinhandlung.
358. Metzing, L., Zimmermeister.

359. Moellinger, Kistenfabrik
360. Mosse, Rudolf, Verleger und Buchdruckereibesitzer.
361. Mosso, Gebr., Wäschefabrik.
362. Mühsam, Benno, Dr., Rechtsanwalt.
363. Mühsam, Ph., Drogen und Farben.
364. Müller, M. H. & A. Dotti, Architekten.
365. Müller & Hintze, Spediteure.
366. Müller & Sussmann, Wäschefabrik.
367. Münch & Röhrs, Dr., Lackfabrik.
368. Mugdan, Stadtrath.
369. Mundt & Co., Weinhandlung.
370. Munk, Hermann, Professor.
371. Nathan, P., Dr., Redakteur.
372. Neuberg, Pferdehändler.
373. Neuburger, Karl, Bankier.
374. Neukrantz, Albert, Kolonialwaaren.
375. Neumann, W. & G., Corsetfabrik.
376. Neumann, J., Fabrikant.
377. Neumann, Leo, Kaufmann.
378. Nitschalk, Rud., Kaufmann.
379. Nothmann, Julius, Kaufmann.
380. Nothmann, Siegfried, Kaufmann.
381. Nowtny, A., Laternenfabrik.
382. Oeser & Co., Luxuspapierfabrik.
383. Olshausen, Professor.
384. Oppenheim, Hugo, Kommerz.-Rath.
385. Oppermann, Gustav, Kaufmann.
386. Orgler & Fidelmann, Konfekt.
387. Orth, Nachfl., E. (G. Otto), Bau-Tischlerei.
388. Patze, Geh. Regierungsrath.
389. Peartrée & Co., Broncewaarenfabrik.
390. Pintsch, Julius, Fabrikbesitz.
391. Pintsch, Oskar, Fabrikbesitz.
392. Pintus, Gustav, Kaufmann.
393. Plau, W., Kaufmann.
394. Plewe, F., Kaufmann.
395. von Poncet, Glashüttenwerk.

396. Poppe & Wirth, Kaufleute.
397. Prussische Lebens-Versicherung, Act.-Ges.
398. Prager & Lojda, Luxuspapierfabrik.
399. *Protzen & Sohn, Teppichfabr.
400. Radicke, Karl, Spritfabrik.
401. Radtke, Regierungsrath im Reichs-Versicherungs-Amt.
402. Radtke & Bergmann, Putzfedernfabrik.
403. Rasche, P., Königl. Hof-Steinsetzmeister.
404. Rath, Gebr., Mechanische Zwirnerei.
405. Rathenau, E., Generaldirekt.
406. Ravené, Louis.
407. Reich & Co., Seifenfabrik.
408. *Reichenheim, F., Rentier.
409. Reichenheim, Julius, Rentier.
410. Reichenheim, Kaufmann.
411. Remmler, Hugo, Dr.
412. *Richter, Berthold, Rentier.
413. Richter, Berthold, Bankier.
414. Riecken, Conrad, Direktor.
415. Riegner, S., Rohrhandlung.
416. *Riese, Direktor.
417. Riess, Max, Bankier.
418. Riess, Karl, Bankier.
419. Rocholl, A., Fabrikant.
420. Roedel & Vetter, Fabrik ätherischer Oele u. Essenzen.
421. Rösicke, Paul, Rentier.
422. *Rösicke, Kommerzienrath.
423. Roller, A., Maschinenfabrik.
424. von Rolland, Kaufmann.
425. Rosenberg, Herm., Bankdirektor.
426. Rosenblüth, J., Kaufmann.
427. Rosenstock, Th., Bankier.
428. Rosenthal, Julius, Kontobücherfabrik.
429. Rosenthal & Tobias, Kaufleute.
430. *Rothenstein, Spediteur.
431. Rothstein, J., vereid. Makler.
432. Runge, C., Kohlenhandlung.
433. Russ, jun., Bankier.
434. Sackurs, galvanisch. Institut.
435. Sagert, C., Schlächtermeister.
436. Sachs, Stadtverordneter.
437. Salinger, Max, Kaufmann.
438. Salinger & Leppmann, Papier en gros.
439. Salomon, Martin, Lederfabrik
440. *Salomon, Adolf, Rentier.
441. Salomon, Kaufmann.
442. Salomon, Redakteur.
443. Salomon, H. & D., Baumwollenwaaren.
444. *Salomon, Fabrikant.
445. Salomon, Martha, Fräulein.
446. Saloschin, James, Bankier.
447. Samelson, Julius, Bankier.
448. Samosch, Frau.
449. Samuel, Dr., Redakteur.
450. Samuel, Siegmund, Bankier.
451. Sasse, Kaiserl. Regier.-Rath.
452. Seeger, Wilh., Drogenhandlg.
453. Sehnsdorf, G., Kaufmann.
454. Seligsohn, Dr., Rechtsanwalt.
455. Siefart, Assessor.
456. Sielor & Vogel, Papier en gros.
457. Siemens, G., Bankdirektor.
458. Simon, Gebr., Kaufleute.
459. Simon, J., Kaufmann.
460. Simon, S., jun., Fabrikant.
461. Simon, Herm., i. F.: H. Simon & Co., Fabrikbesitzer.
462. Simon & Hundt, Darmhandlg.
463. Simrock, V., Musikverlag.
464. *Singer, Paul, Kaufmann.
465. Sittenfeld, Jul., Buchdruck.-Besitzer.
466. Sperling, Dr., Staatsanwalt.
467. *Spaeth, L., Buchhändler.
468. *Speyerer & Co., C. F., Fabrikbesitzer.
469. Spillmann, G., Färbereibesitz.
470. Spindler, W., Kommerzienrath.
471. Springer, F., Verlagsbuchhandlung.
472. *Sobernheim, Frau.
473. Solmitz, Selmar, Bankier.
474. Solon & Co., Fabrikbesitzer.
475. Sonnenthal, E., jun., Kaufmann.
476. Sobernheim, Gebr., Kaufleute.
477. Sy, Geh. Ober-Finanzrath.
478. Schaefer, O. F., Nachfl., Blechemballagen.
479. Schäker, C. H., Kaufmann
480. Schappach, Albert, Bankier.
481. Schaul, S., Jalousiefabrik.
482. von Scheel, H., Dr., Geh. Regierungsrath.
483. Scheffer-Boichorst, Professor.
484. Schering, R., Apotheker.
485. Schiff, B., Bankier.
486. Schiller, E., Rechtsanwalt.
487. *Schimmelpfeng, Kaufmann.
488. Schischin & Sohn, N., Kaviarhandlung.
489. Schlesinger, M., Generalkonsul.
490. *Schlesinger, Lydia, Frau.
491. Schloepke, Ad., Zimmermstr.
492. Schlottmann, Frau.
493. Schlottmann & Co., Kaufleute.
494. Schlyckelsen, Fabrikbesitzer.
495. Schmaltz, H., Bezirksvorsteh.
496. Schmidt & Herkenrath, Fabrikanten.
497. Schmoller, G., Dr., Professor.
498. Schneider, Wilh., Kaufmann.
499. Schönlank, William, Generalkonsul.
500. Schönlank Söhne, Nachfl., Sal., Kaufmann.
501. *Schöning, Hof-Schlächtermeister.
502. Scholem, R., Produktenhandlung.
503. Schulz, M., Destillat., Stadtverordneter.
504. Schulze, F. F. A., Kaufmann.
505. Schulze, Fr., Maschinenfabr.
506. Schuchardt & Schütte, Kaufleute.
507. Schütt, F. W., Mühlenbesitzer.
508. Schwendener, S., Professor.
509. Schwerin, Dr., prakt. Arzt.
510. Schruder, K., Eisenbahndirektor a. D.
511. Schramm, F. W., Holzhandlung.
512. Stephani, Gebr., Drogenhandlung.
513. Sternberg, Bankdirektor.
514. Sternberg, jun., H., Wäschefabrik.
515. Stettiner, Mathilde, Frau.

516. Stiebitz & Köpchen, Baugeschäft.
517. Strauss, M., Frau.
518. Streubel, Herm., Baugeschäft.
519. Stölzel, A., Dr., Präsident der Justiz-Prüfungs-Kommission.
520. Tannenbaum, Pariser & Co., Tuchhandlung.
521. Tausk, W., Färbereibesitzer.
522. Teichelmann, Albert, Fabrikbesitzer.
523. Tellschow, Frau Hofrath, Dr.
524. Tellschow, Gebr., Maschinenfabrik.
525. Thamm, A., Kaufmann.
526. Theodor, Selma, Frau.
527. Tiburtius, Frau, Dr.
528. Toennies, Adelheid, Frau.
529. *Treitel, Emil, Kaufmann.
530. Troplowitz & Sohn, Weinhandlung.
531. Ubrig, E., & Co., Waagenfabrik.
532. Ublecke, Farbenhandlung.
533. Ullstein, Leopold, Frau.
534. *Valentin, Toni, Fräulein.
535. *Valentin, Julius, Kaufmann.
536. Vausch, L., Goldwaaren.
537. Veit, Geh. Kommerzienrath.
538. Voeltzkow, H., Kaufmann.
539. Vogeler, Elisabeth, Frau, Schulvorsteherin.
540. Vogtländer, Adolf, Agenturgeschäft.
541. Vohsen, Ernst, Konsul a. D.
542. Vollgold & Sohn, D., Silberwaaren.
543. Waldeyer, Dr., Professor, Geh.-Rath.
544. *Wagner, Adolf, Kaufmann.
545. Wallich, Konsul.
546. Wander & Gutjahr, Kaufleute.
547. Warburg, R., Kaufmann.
548. Warmuth, Hofspediteur.
549. Wedel, H. E., Kaufmann.
550. Weigert, Max, Dr., Stadtrath.
551. Weile, Maurermeister.
552. Weisbach, Valentin, Rentier.
553. Weisbach, Hedwig, Frau.
554. Weise, Stadtrath.
555. Weiss, O., Stadtverordneter.
556. Weiss & Kaphan, Kaufleute.
557. Wenderoth, Georg.
558. Wendisch, Th., Lithograph. Anstalt.
559. *Weinberg, J., Fabrikant.
560. Werck & Glienecke, Fabrikanten.
561. *Werkmeister, Wilh., Rentier.
562. Werkmeister & Retzdorf, Fabrikant.
563. Werner & Co., Kaufleute.
564. Wernicke, G. A., Dachdeckermeister.
565. Wertheim, Rudolf, Kommerzienrath.
566. *Wiesenthal, H., vereideter Makler.
567. Wiganko, Franz, Asphaltfabrik.
568. Woymann, Kaiserl. Präsident.
569. Windecker, L., Dr., Chem. Fabrik.
570. Winkelmann, E., Raths-Zimmermeister.
571. Wischeropp, C. F., Kaufmann.
572. Wohlgemuth, Baumeister, Stadtverordneter.
573. Wolff, Emma, Frau.
574. Wolff, Albert, Fabrikbesitzer.
575. Wolff, Dr., Bergassessor.
576. Wolff & Culmberg, Mineralwasserfabrik.
577. Wreschner, L., Rechtsanwalt.
578. Zacher, Dr., Geh. Reg.-Rath.
579. Zimmermann & Sohn, Holzhandlung.
580. Zuntz, A., sel. Wwe., Kaffeebrennerei.

II.

Uebersicht

über

die Organisation und den Geschäftsbetrieb

der

allgemeinen Arbeitsnachweise in Deutschland.

Der Vorstand des Centralvereins für Arbeitsnachweis hat beschlossen auch dem diesjährigen Geschäftsbericht eine von mir zusammengestellte Uebersicht über die Organisation und den Geschäftsbetrieb der allgemeinen Arbeitsnachweise in Deutschland beizufügen.

Das Material ist mir in der bereitwilligsten Weise von den Verwaltungen der Arbeitsnachweise zur Verfügung gestellt worden, wofür ich denselben meinen verbindlichsten Dank sage.

Die Zusammenstellung behandelt getrennt die kommunalen und Vereinsarbeitsnachweise. Es wird zunächst für jeden Arbeitsnachweis das zahlenmässige Ergebniss des Geschäftsbetriebs für das Jahr 1896 mitgetheilt unter Beifügung des vorjährigen Ergebnisses in Klammern. Alsdann folgen die Zahlen der vermittelten Stellen für diejenigen Berufe, in welchen die stärkste Vermittlung stattgefunden hat, so dass man ein Urtheil über die Thätigkeit des Fach-Arbeitsnachweises gewinnen kann. Soweit von den Verwaltungen Bemerkungen über die bei der Geschäftsführung gesammelten Erfahrungen gemacht worden sind, wird das Wesentlichste hieraus mitgetheilt.

Die Statuten und Geschäftsordnungen der meisten Arbeitsnachweise sind bereits in den beiden vorigen Geschäftsberichten zum Abdruck gelangt; auf die Seite des betr. Berichtes wird hingewiesen und die inzwischen neu eingegangenen Statuten und Geschäftsordnungen werden in der Anlage abgedruckt.

Am Schlusse der Zusammenstellung wird ein kurzes Resumé gegeben.

A. Kommunale Arbeitsnachweise.

Bamberg.

Gesuche der Arbeitgeber . . . 384 (1. Juli bis 31. Dezember: 127)
Gesuche der Arbeitnehmer . . 2700 („ „ „ 798)
Vermittelt . . . . 40 („ „ „ 17)

Die grösste Zahl der Gesuche der Arbeitnehmer war bei der Gruppe der Müller, Bäcker, Conditoren (514); demnächst kommt die Gruppe der Zimmerleute und Schreiner (445), Gruppe der in Transportgeschäften beschäftigten Personen (438) und Gruppe der Maschinenbauer, Schlosser (392).

Statut ist abgedruckt auf S. 28 des Geschäftsberichts für 1894, Geschäftsordnung auf S. 26 des Berichts für 1895.

Breslau.

September—Dezember.

		männlich	weiblich
Gesuche der Arbeitgeber	1677	1058	619
Gesuche der Arbeitnehmer	2566	2059	507
Vermittelt	1286	918	368

Die Vermittelungsthätigkeit beschränkt sich bei dem männlichen Arbeitsnachweis in der Hauptsache auf ungelernte Arbeiter (587), Arbeits- und Laufburschen (166), Haushälter (54) und Kutscher (34). Daneben hat der Facharbeitsnachweis eine nur geringe Ausdehnung erlangt, indem nur ca. 70 Stellen

Insgesammt vermittelt wurden, am meisten Schlosser (15). Auch bei der weiblichen Abtheilung entfällt das Gross auf Bedienungen und Tagarbeiterinnen (225); dann kommen Wasch- und Scheuerfrauen (60), Fabrikarbeiterinnen (29), Nätherinnen (14), Dienstmädchen (13), Kindermädchen (13).

Während in der Männer-Abtheilung von Anfang an das Angebot von Arbeitskräften die Nachfrage bedeutend überstieg, war in der Frauen-Abtheilung die umgekehrte Erscheinung zu beobachten. Die weibliche Arbeitsvermittlung liegt zur Zeit noch vorwiegend in den Händen der berufsmässigen Stellenvermittler.

Nach den bisherigen Erfahrungen wird die sichere Erwartung ausgesprochen, dass bei längerem Bestehen des Arbeitsnachweises bessere Resultate nicht ausbleiben werden.

Statut und Geschäftsbericht sind auf S. 27 des Berichts für 1895 abgedruckt.

Cannstatt.

Gesuche der Arbeitgeber	3296 (2625)	männlich: 1874 / weiblich: 1422
Gesuche der Arbeitnehmer	5864 (4757)	männlich: 4457 / weiblich: 1407
Vermittelt	1712 (1166)	männlich: 1064 / weiblich: 648

An der Vermittlung sind betheiligt: ungelernte Arbeiter (353), Schreiner, Polirer u. s. w. (98), Giesser, Former (63), Schuhmacher (62), Huf- und Wagenschmiede (61). In der weiblichen Abtheilung überwiegt die Gesindevermittlung (421); auf die Fabrikarbeiterinnen entfallen nur 97, auf Putz- und Waschfrauen 96.

Statut ist abgedruckt auf S. 28 des Berichts für 1895.

Crefeld.

Gesuche der Arbeitgeber	11 (19)
Gesuche der Arbeitnehmer	58 (113)

Die Zahl der vermittelten Stellen wird nicht angegeben. Die schon sehr geringe Frequenz im Vorjahre ist im Berichtsjahr erheblich gesunken; der Bericht führt dies auf die Verhältnisse in der Textilindustrie zurück, wo das direkte Aufsuchen der Arbeit in den Fabriken (Umschau) durchgehends stattfindet. Von den Gesuchen der Arbeitnehmer entfallen 35 auf die Textilindustrie.

Statut und Geschäftsordnung sind abgedruckt auf S. 29 des Berichts für 1895.

Dessau.

Gesuche der Arbeitgeber	160 (582)
Gesuche der Arbeitnehmer	278 (1198)
Vermittelt	112 (422)

Gegen das Vorjahr hat ein sehr erheblicher Rückgang stattgefunden. Der Bericht führt dies auf den Mangel eines allgemeinen Interesses seitens der Arbeitgeber, insbes. der Besitzer grösserer Etablissements zurück; „andererseits verlieren aber auch die Arbeitnehmer zu schnell das Vertrauen zu der Einrichtung, sobald ihre Meldungen nicht sofort zum gewünschten Ziele führen".

Die Vermittlungsthätigkeit beschränkt sich fast ausschliesslich auf ungelernte Arbeiter (99).

Grundsätze für die Verwaltung sind abgedruckt auf Seite 30 des Berichts für 1894.

Duisburg

Gesuche der Arbeitgeber	15 (30)
Gesuche der Arbeitnehmer	47 (438)
Vermittelt	9 (249)

Gegen das Vorjahr hat ein sehr erheblicher Rückgang stattgefunden. Von den Gesuchen der Arbeitnehmer betrafen 27 Tagelöhner, 13 Handwerker und 7 Fabrikarbeiter. Ueber Organisation vgl. Seite 31 des Berichts für 1895.

Elberfeld.

Gesuche der Arbeitgeber	717 (917)
Gesuche der Arbeitnehmer	1538 (2205)
Vermittelt	705 (905)

An der Vermittlung sind betheiligt: Erdarbeiter (231), Schreiner (174), Fabrikarbeiter (69), Schlosser (84), Kutscher (27), Maurer (28), Anstreicher (25).

Der Bericht empfiehlt bei sämmtlichen öffentlichen Verwaltungen dahin vorstellig zu werden, dass diejenigen Arbeiten, für deren Vergebung der Zeitpunkt frei gewählt werden kann, dann in Angriff genommen werden, wenn die Arbeitsnachweisstellen anderweite Beschäftigung nicht nachweisen können.

Statut und Geschäftsordnung sind auf Seite 25 des Berichts für 1894 abgedruckt.

Erfurt.

		männlich / weiblich
Gesuche der Arbeitgeber	13775 (9218)	männlich: 5678 / weiblich: 8097
Gesuche der Arbeitnehmer	16231 (12394)	männlich: 7559 / weiblich: 8672
Vermittelt	12088 (8354)	männlich: 4482 / weiblich: 7606

Gegen das Vorjahr ist eine wesentliche Steigerung eingetreten. Die Vermittlung erstreckt sich auf die verschiedensten Gewerbszweige, wenn auch die ungelernten Arbeiter die grösste Ziffer (2053) aufweisen; in zweiter Reihe stehen die männlichen Dienstboten mit 614. Eine stärkere Vermittlung fand in folgenden Gewerben statt: Tischler (241), Schuhmacher (217), Schlosser (193), Klempner (131), Schneider (150), Maurer und Steinhauer (104), Schmiede (100). In der weiblichen Abtheilung überwiegt die Gesindevermittlung, nämlich: Hausmädchen (2832), Köchinnen (433), Stubenmädchen (202), Aufwärterinnen (1878), Landmädchen (247). Für Arbeiterinnen wurden 1994 Stellen vermittelt.

Der Bericht hebt als Ursache der Geschäftssteigerung besonders den Telephon-Anschluss hervor. Ab und zu machte sich ein Mangel an besonders guten Arbeitern bemerkbar. „Es erscheint dringend wünschenswerth, dass, wie möglichst in allen grösseren Orten, so insbesondere in den Erfurt benachbarten Städten centralisirte Arbeitsvermittlungsstellen eingerichtet und mit einander in Verbindung gebracht werden, damit sie sich in Bedarfsfällen geeignete Nachfragen und Angebote überweisen."

Einzelne Berufe, welche einen eigenen gut funktionirenden Arbeitsnachweis besitzen, wie Kaufleute, Gastwirthe, Schreiber, ferner auch einzelne Innungen, die ebenfalls im Besitze eines eigenen Arbeitsnachweises sind, haben von der städtischen Einrichtung wenig Gebrauch gemacht.

Statut ist auf Seite 24 des Berichts für 1894 abgedruckt.

Esslingen.

Gesuche der Arbeitgeber	1675 (991)	männlich: 1699 / weiblich: 176
Gesuche der Arbeitnehmer	3435 (2446)	männlich: 3357 / weiblich: 78
Vermittelt	617 (422)	männlich: 586 / weiblich: 31

An der Vermittlung sind betheiligt: Ungelernte Arbeiter mit 404, gelernte mit 170, Lehrlinge mit 12.

Der Bericht bezeichnet die bisherigen Erfahrungen als gute; sowohl Arbeitnehmer als Arbeitgeber machen von der Einrichtung fleissigen Gebrauch.

Statut ist abgedruckt auf Seite 21 des Berichts für 1894.

Frankfurt a. M.

(1. Mai 1895 bis 31. März 1896.)

Gesuche der Arbeitgeber	7 947
Gesuche der Arbeitnehmer	14 740
Vermittelt	6 492

An der Vermittlung sind betheiligt: Ungelernte Arbeiter (2112), Schreiner (778), Schneider (567), Schuhmacher (551), Weissbinder (299), Schlosser (290), Tapezierer (259), Spengler (217), Schmiede (116). Die weiblichen Personen sind an der Vermittlung mit 355 betheiligt.

Die Verwaltungskommission des Arbeitsnachweises hat in 19 Sitzungen über 92 Nummern berathen. Mit dem Bureau sind nach dem Muster Berlins grössere Aufenthaltsräume für die Arbeitslosen verbunden. Nach jeder offenen Arbeitsstelle wird in der Regel nur 1 Arbeiter geschickt; bei der Auswahl der Arbeiter für die offenen Stellen entscheidet die frühere Anmeldung, jedoch haben die in Frankfurt oder in der näheren Umgebung ansässigen Leute den Vorzug.

Anfragen gewerbsmässiger Vermittler wegen offener Arbeitsstellen werden nicht beantwortet, dagegen eine Verbindung mit anderen gemeinnützigen Vermittlungsstellen angestrebt. Der Versuch, durch Einholung von Auskünften von den anderen gemeinnützigen Stellen einen Ueberblick über den gesammten Arbeitsmarkt zu erhalten, ist, wie in Berlin, gescheitert.

Mit auswärtigen Arbeitsvermittlungsstellen, insbesondere der zu Mannheim und anderen badischen, wurden Verbindungen angeknüpft, indess wurden Resultate bezüglich des Austausches von Stellen nicht erzielt. Ueber die Möglichkeit, solche Resultate zu erzielen, äussert sich der Bericht skeptisch.

Eine enge Verbindung seitens des Arbeitsnachweises wurde hergestellt mit einer vom Institut für Gemeinwohl eingerichteten Auskunftsstelle für Arbeiter-Angelegenheiten.

Statut und Geschäftsordnung sind in der Anlage abgedruckt.

Frankfurt a. O.

(1. Juli bis 31. Dezember 1896.)

Gesuche der Arbeitgeber	1761
Gesuche der Arbeitnehmer	1418
Vermittelt	563

Hervorzuheben ist, dass die Zahl der offenen Arbeitsstellen die Zahl der Gesuche der Arbeitslosen nicht unerheblich übersteigt und dass weniger als der dritte Theil der offenen Stellen besetzt werden konnte. Nach dem Beruf stellten sich Angebot und Nachfrage wie folgt:

	Gesuche der Arbeitgeber	Gesuche der Arbeitnehmer
Handwerker, männliche Arbeiter aller Art	693	842
weibliche Arbeiter	98	145
männliche Dienstboten	402	270
weibliche Dienstboten	568	161

Es scheint mithin ein nicht unerheblicher Mangel an geeigneten Arbeitskräften für Dienstbotenstellen vorzuliegen.

Statut ist in der Anlage abgedruckt.

Fürth.

Gesuche der Arbeitgeber	5755 (3769)	männlich: 4581 / weiblich: 1174
Gesuche der Arbeitnehmer	4290 (3813)	männlich: 3510 / weiblich: 780
Vermittelt	2605 (2197)	männlich: 2135 / weiblich: 470

An der Vermittlung sind betheiligt: Metallschläger (486), Schreiner (485), Schneider (233). Die Vermittlung in der weiblichen Abtheilung bezieht sich auf Spielwaaren, Pappwaaren, Bunt- und Goldpapierfabrikation, sowie Metallschlägerei.

Der Bericht hebt hervor, dass die Zahl der durch das Bureau vermittelten Stellen thatsächlich weit grösser ist, als angegeben.

Das Bureau wird meist von Handwerksmeistern und Kleinindustriellen in Anspruch genommen, während sich die Grossindustriellen weniger betheiligen.

Die Betriebsnormen sind abgedruckt auf Seite 25 des Berichts für 1894.

Gebweiler.

Der Arbeitsnachweis wurde weder von Seiten der Arbeitgeber noch der Arbeitnehmer in Anspruch genommen.

Schon im vorletzten Geschäftsjahre war die Thätigkeit eine sehr geringe, nämlich:

Gesuche der Arbeitgeber . . . 21
Gesuche der Arbeitnehmer . . 20.

Gera.

Gesuche der Arbeitgeber . 966 (182 vom 1. Novbr. bis 31. Dezbr.) { männlich: 518 / weiblich: 448

Gesuche der Arbeitnehmer 1940 (349) do. { männlich: 1494 / weiblich: 446

Vermittelt . . . . 553 (71 do. { männlich: 305 / weiblich: 248

Der Arbeitsnachweis erstreckt sich auf die verschiedensten Gewerbe. Statut und Geschäftsordnung sind abgedruckt auf Seite 36 des Berichts für 1895.

Giessen.

Die Vermittlungsstelle ist erst am 1. November 1896 in Thätigkeit getreten. Ortsstatut ist in der Anlage abgedruckt.

Gmünd, Schwäbisch.

Gesuche der Arbeitgeber . . . . 554 { männlich: 421 / weiblich: 133

Gesuche der Arbeitnehmer . . . 444 { männlich: 365 / weiblich: 79

Vermittelt . . . . 111 { männlich: 95 / weiblich: 16

Die Vermittlung erstreckt sich auf die verschiedensten Gewerbe, doch überwiegen bei Weitem die ungelernten Arbeiter (42). In der weiblichen Abtheilung beschränkte sich die Vermittlung auf Dienstboten und Köchinnen.

Der Bericht bezeichnet die Einrichtung als eine segensreiche, die jedoch sowohl von Seiten der Arbeitgeber als auch der Arbeiter noch nicht genügend gewürdigt wird.

Statut und Geschäftsordnung sind in der Anlage abgedruckt.

Göppingen.

Gesuche der Arbeitgeber . 702 (349 vom 1. Juli bis 31. Dezbr.) { männlich: 683 / weiblich: 19

Gesuche der Arbeitnehmer 4023 (1202 do. { männlich: 4008 / weiblich: 15

Vermittelt . . . . . . 225 (160 do. { männlich: 220 / weiblich: 5

An der Vermittelung sind betheiligt: Ungelernte Arbeiter (69), Schreiner (37), Bauschlosser (26), Schneider (12), Flaschner (11). Die Vermittelung in der weiblichen Abtheilung beschränkte sich auf 4 Fabrikarbeiterinnen und 1 Waschfrau.

Der Bericht hebt hervor: „Manchmal ist eine Stelle schon anderweitig besetzt, wenn der Arbeiter kommt, ein anderes Mal besinnt sich der Arbeiter unterwegs und tritt die Stelle nicht an, auch werden bei schriftlichen Aufträgen von Arbeitgebern nicht immer die erforderlichen speziellen Kenntnisse und Fähigkeiten genau angegeben, so dass nicht gleich der geeignete Arbeiter an die Stelle geschickt wird."

Gotha.

Der Arbeitsnachweis wird erst Mitte dieses Jahres eröffnet.

Hall, Schwäbisch

Gesuche der Arbeitgeber . . 464
Gesuche der Arbeitnehmer   600
Vermittelt 121

Die ungelernten Arbeiter überwiegen (40), dann kommen Schneider (16), Schlosser (15), Schreiner (11).

Heidelberg.

(15. Januar bis 31. Dezember.)

Gesuche der Arbeitgeber . 3968
Gesuche der Arbeitnehmer . 7441
Vermittelt . . . . 1851 { männlich: 1222
                                 weiblich: 625

Hervorzuheben ist der städtische Charakter des Instituts im Gegensatze zu anderen Badischen Arbeitsnachweisanstalten.

An der Vermittelung sind betheiligt: Ungelernte Arbeiter (514), Drechsler, Glaser, Schreiner, Stuhlmacher (insgesammt 196), Schneider, Schuhmacher, Instrumentenmacher, Kürschner (insgesammt 146), Schlosser, Mechaniker, Heizer, Wagner, Säger, Messerschmiede (insgesammt 142). Die Vermittelung bei der weiblichen Abtheilung beschränkte sich auf Dienstboten.

Der Bericht hebt hervor, dass die Anstalt den in sie gesetzten Erwartungen im vollsten Maasse entsprochen hat und dass eine weitere günstige Entwickelung zu erhoffen ist.

Der Kreis gewährte eine Subvention von 300 M., der Staat eine solche von 800 M.

Heidenheim.

(1. April bis 31. Dezember.)

Gesuche der Arbeitgeber .   . 148 { männlich: 136
                                    weiblich: 12
Gesucho der Arbeitnehmer . . 301 { männlich: 298
                                    weiblich: 3
Vermittelt . . . .   20 { männlich: 20
                                    weiblich: —

Der grösste Theil der vermittelten Stellen (12) kommt auf die ungelernten Arbeiter.

Der Bericht hebt hervor: Die Arbeitgeber sind für das Institut noch nicht allgemein sympathisch gestimmt. Die grössere Zahl der Durchreisenden frägt nur nach der Verpflegung und nicht nach Arbeit.

Ortsstatut ist in der Anlage abgedruckt.

Heilbronn.

Gesuche der Arbeitgeber	1598 (1196)	männlich: 1224 / weiblich: 174
Gesuche der Arbeitnehmer	3886 (2930)	männlich: 3749 / weiblich: 117
Vermittelt	739 (365)	männlich: 703 / weiblich: 36

Bei der Vermittelung waren betheiligt: Ungelernte Arbeiter (272), Schreiner (76), Bauschlosser (38), Schneider (37), Huf- und Wagenschmiede (29), 63 Arbeiter wurden nach auswärts vermittelt.

Der Bericht hebt hervor, dass die organische Verbindung der Arbeitsämter Württembergs unter einander günstige Erfolge aufzuweisen hat. Auch die Fernsprech-Einrichtung wirkt äusserst günstig auf die Entwickelung des Betriebes. Es war zwar verschiedentlich möglich, auf telephonischem Wege mit anderen Arbeitsämtern Stellen zu vermitteln, indess ist die anfänglich erhoffte stärkere Vermittlung auf diesem Wege nicht eingetreten. Recht schwer bleibt es, die Nachfrage nach Arbeitern von auswärts zu befriedigen. Es ist eine entschiedene Abneigung der Arbeiter, aufs Land und in kleine Städte zu ziehen zu bemerken und als Grund hierfür wird von der Verwaltungskommission ausdrücklich festgestellt, dass dort bei „geringem Lohn viel Arbeit verlangt werde und dass dieselbe insbesondere bezüglich des Beginns und Schlusses und der Pausen einer Regelung, wie sie in der grossen Stadt zu treffen ist, entbehre."

Statut ist auf Seite 21 des Berichts für 1894 abgedruckt.

Hörde.

(15. September 1896 bis Ende Januar 1897.)

Gesuche der Arbeitgeber . . 1065 (15. August 1896 bis 31. Januar 1897: 337)
Gesuche der Arbeitnehmer . . 1090 (15.   „   1896 „ 31. „   1897: 377)
Vermittelt . . . . 532 (15.   „   1896 „ 31. „   1897: 178)

An der Vermittelung sind betheiligt: Fabrikarbeiter, Ziegler (131), ungelernte Arbeiter (116), landwirthschaftliche Arbeiter (83), Schlosser (70), Schreiner (26), Maurer (25).

Der Bericht hebt hervor: Mangel an guten weiblichen Dienstboten, weil die Mädchen Fabrikarbeit vorziehen, Mangel an wirklich gelernten Handwerkern und Abneigung gegen ländliche Stellen. „Die gute Konjunktur der Eisen- und Kohlenindustrie und die günstigen Löhne locken auch viele landwirthschaftliche Arbeiter an und es ist mehrmals vorgekommen, dass wirkliche Landarbeiter ausdrücklich Fabrik- oder Zechenarbeit gewünscht haben." Durch rechtzeitiges Einvernehmen mit dem Generalkommando der betr. Armeekorps ist es möglich gewesen, fast sämmtliche nach dem Kreise Hörde entlassenen Reservisten sofort wieder in Arbeit zu bringen.

Statut ist abgedruckt auf Seite 42 des Berichts für 1895.

Kaiserslautern.

Gesuche der Arbeitgeber 2016
Gesuche der Arbeitnehmer 1537
Vermittelt 598

An der Vermittelung sind betheiligt: ungelernte Arbeiter (159), Schuster und Schneider (99), Schlosser (77), Schreiner (68), Spengler (35), Schmiede (28), Gerber und Metzger (27).

Die Zahl der durchreisenden Arbeiter betrug 3429.

Der Bericht klagt über das mangelnde Interesse Seitens der grösseren Arbeitgeber. Die Anstalt unterhält Beziehungen mit den grösseren Städten der Nachbarstaaten, welche ähnliche Anstalten haben. Auffallend war, dass die Anstalt von weiblichen Dienstboten wenig frequentirt wurde, trotzdem stets genügend Stellen angemeldet waren.

Satzungen und Geschäftsordnung sind in der Anlage abgedruckt.

Kalk.

Der städtische Arbeitsnachweis ist erst vor Kurzem beschlossen worden und hat seinen Betrieb noch nicht aufgenommen.

Ketzin.

Der Arbeitsnachweis wurde garnicht frequentirt.

Kreuznach.

Gesuche der Arbeitgeber	1279	männlich: 943 / weiblich: 336
Gesuche der Arbeitnehmer	1142	männlich: 1024 / weiblich: 118
Vermittelt	241	männlich: 198 / weiblich: 43

An der Vermittelung sind betheiligt: ungelernte Arbeiter (50), Schreiner (32), Küfer (29), Schuhmacher (19), Schlosser (17), Spengler (16), Schneider (12).
Die 43 vermittelten weiblichen Stellen betrafen Dienstboten.
Statut und Geschäftsordnung sind in der Anlage abgedruckt.

Lahr.

Gesuche der Arbeitgeber	1296	männlich: 960 / weiblich: 336
Gesuche der Arbeitnehmer	947	männlich: 758 / weiblich: 189
Vermittelt	727	männlich: 585 / weiblich: 142

An der Vermittelung sind betheiligt: Tagelöhner (102), Hausburschen und Dienstknechte (94), Schreiner (90), Schlosser (49), Schuhmacher (36), Bäcker (30), Schneider (23). Bei der weiblichen Abtheilung: Mädchen für Alles (109), Fabrikarbeiterinnen (17), Kartonnagerinnen (11).
Der jeweilige Stand des Arbeitsmarktes wird alle 2 Tage in den Zeitungen bekannt gemacht.
Es ist Mangel an tüchtigen gelernten Professionisten und Ueberfluss an minderwerthigen Arbeitern. Die besseren Arbeiter nehmen ungern in der kleinen Stadt Arbeit. Landwirthschaftliche Arbeiter und Dienstboten sind fast garnicht zu finden.
Statuten sind nicht vorhanden; die Verwaltung der Anstalt ist dem Sekretär für Armen- und Arbeiterversicherungswesen mit übertragen. Diese Verbindung hat sich als ausserordentlich zweckmässig erwiesen.

Landau.

(1. September bis 31. Dezember 1896.)

Gesuche der Arbeitgeber	102
Vermittelt	56

An der Vermittelung sind hauptsächlich die ungelernten Arbeiter (26) betheiligt; es folgen: Schreiner (7), Schneider (5), Schlosser (5).
Mit dem Arbeitsnachweis ist eine Naturalverpflegungsstation verbunden. Es ist eine sichtliche Abnahme der Bettler und Vaganten bemerkt worden.
Statuten sind nicht vorhanden; der Arbeitsnachweis wird durch die Polizeiorgane geleitet.

Lüdenscheid.

Das Arbeitsnachweisbureau ist seit ca. 2 Jahren nicht mehr in Anspruch genommen worden.

Mühlhausen i. Th.

Gesuche der Arbeitgeber	29 (102)	männlich: 23 / weiblich: 6
Gesuche der Arbeitnehmer	22 (54)	männlich: 19 / weiblich: 3
Vermittelt	16 (29)	männlich: 16 / weiblich: —

Gegen das Vorjahr hat ein Rückgang stattgefunden. Die Vermittelung beschränkt sich fast ausschliesslich auf ungelernte Arbeiter (10). Es schweben Erörterungen über Neuorganisation des Arbeitsnachweises.

München.

Gesuche der Arbeitgeber	30 057	männlich: 16 725 / weiblich: 13 332
Gesuche der Arbeitnehmer	47 008	männlich: 32 355 / weiblich: 14 653
Besetzte Stellen	25 586	männlich: 15 653 / weiblich: 9 933

Der Arbeitsnachweis hat eine sehr günstige Entwickelung genommen. An der Vermittelung sind betheiligt: ungelernte Arbeiter (6588), Holz und Leder (3268), Eisen und Metall (2908), Bau, Töpfer und Kaminkehrer (1388), Bekleidungs-, Textil- und Reinigungsindustrie (1232). Bei der weiblichen Abtheilung: Personal für Private, Dienstmädchen, Köchinnen und Zimmermädchen (4903), Personal für Hotels und Gastwirthschaften (2788), ungelernte Arbeiterinnen (1567), gewerbliche Arbeiterinnen (500).

Nach Auswärts wurden insgesammt vermittelt: 2261 Personen, männlich: 1715, weiblich: 546.

Nach dem Bericht ist es dem Arbeitsnachweis gelungen, das Vertrauen der Arbeitgeber und Arbeitnehmer immer mehr für sich zu gewinnen. Das Amt wurde sowohl von Anhängern der Innung, wie auch der Gewerkschaften (obgleich beide ihre bisherigen Arbeitsnachweise beibehalten haben), wie von Freunden und von früheren Gegnern einer derartigen öffentlichen Einrichtung in hohem Maasse in Anspruch genommen.

Statut ist auf Seite 27 des Berichts für 1894, Geschäftsordnung auf Seite 46 des Berichts für 1895 abgedruckt.

Neuss.

Gesuche der Arbeitnehmer	1296	männlich: 1164 / weiblich: 132
Vermittelt	938	männlich: 836 / weiblich: 102

An der Vermittlung sind betheiligt: Fabrikarbeiter (114), ungelernte Arbeiter (92), Ackerknechte und Grundarbeiter (74), Schreiner (77), Maurer (77), Anstreicher und Tapezierer (42), Oelpresser und Mühlenarbeiter (49), Schlosser und Maschinisten (49). Bei der weiblichen Abtheilung: Costüm- und Cravatten-Näherinnen (55), Fabrik- und sonstige Arbeiterinnen (47).

Statuten sind nicht vorhanden. Die Verwaltung ist der Allgemeinen Ortskrankenkasse übertragen.

Nordhausen.

Gesuche der Arbeitgeber	6 (17. Juni bis 31. Dezember: 12)
Gesuche der Arbeitnehmer	8 (" " " 17)
Vermittelt	— (" " " 7)

Der Bericht bemerkt, dass sich die betheiligten Kreise dem Arbeitsnachweis gegenüber vollständig interesselos verhalten. Namentlich ist dies hinsichtlich der Arbeitgeber der Fall, denn es ist beispielsweise seit dem 15. Mai 1896 kein neuer Auftrag bei dem Arbeitsnachweis eingegangen.

Statuten sind abgedruckt auf Seite 22 des Berichts für 1894.

Nürnberg.

Gesuche der Arbeitgeber	8695	männlich: 7818 / weiblich: 877
Gesuche der Arbeitnehmer	8614	männlich: 8369 / weiblich: 245
Vermittelt	4960	männlich: 4818 / weiblich: 142

An der Vermittlung sind betheiligt: Ungelernte Arbeiter (1665), Schreiner (1003), Schlosser, Mechaniker, Feilenhauer (587), Bildhauer, Dreher, Kammmacher (277), Schneider (260), Flaschner und Metalldrücker (226), Maler etc. (192), Schuhmacher (131). Bei der weiblichen Abtheilung: Metallindustrie (49), Graphische Gewerbe (28), Holzindustrie (23), ungelernte Arbeiterinnen (21).

Nach auswärts wurden 245 Personen vermittelt.

Statut und Geschäftsordnung sind abgedruckt auf Seite 48 des Berichts für 1895.

Oberhausen.

Gesuche der Arbeitgeber	3 (1. Mai bis 31. Dezember: 24)
Gesuche der Arbeitnehmer	50 („ „ „ 6)
Vermittelt	— („ „ „ 6)

Der Bericht bemerkt: Die geringe Zahl der Angebote und Nachfragen erklärt sich daraus, dass im hiesigen Industriegebiete die Arbeitsuchenden ohne Vermittlung gleich auf den hiesigen Werken und Zechen Nachfrage halten.

Offenbach a. M.

(1. November bis 31. Dezember.)

Gesuche der Arbeitgeber	117
Gesuche der Arbeitnehmer	322
Vermittelt	49

An der Vermittlung sind betheiligt: Tagelöhner (15), Schuhmacher (10), Hausschlosser (5), Hausburschen (4).

Der Bericht führt den schwachen Geschäftsbetrieb auf die geringe Benutzung seitens der Arbeitgeber und die eigenartigen Verhältnisse der dortigen Industrie zurück. In den Hauptgewerbezweigen (Portefeuiller u. dgl.) ist in letzter Zeit ein ständiger Mangel an Arbeitern.

Wöchentlich erfolgt Aushang der offenen Stellen an verkehrsreichen Plätzen, Bahnhöfen u. s. w.

Statuten sind nicht vorhanden. Die Verwaltung wird durch die Bürgermeisterei geführt.

Offenburg i. B.

Gesuche der Arbeitgeber	546	männlich: 374 / weiblich: 172
Gesuche der Arbeitnehmer	378	männlich: 305 / weiblich: 73
Vermittelt	285	männlich: 240 / weiblich: 45

An der Vermittlung sind betheiligt: Schreiner (40), Schlosser und Schmiede (28), Tagelöhner (27), Schuhmacher (25), Knechte (20), Schneider (12), Maler (10). Bei der weiblichen Abtheilung: Mädchen für Alles (27), Fabrikarbeiterinnen (4). Die Dienstboten-Vermittlung wird dadurch beeinträchtigt, dass die Herrschaften gleichzeitig Auskunft über die Eigenschaften der Dienstboten zu haben wünschen.

Um den Geschäftsbetrieb zu erweitern, ist neuerlich ein besonderer Beamter für diesen Arbeitszweig eingestellt.

Osnabrück.
(1. September bis 31. Dezember.)

Gesuche der Arbeitgeber 491	männlich:	325
	weiblich:	166
Gesuche der Arbeitnehmer 675	männlich:	451
	weiblich:	224
Vermittelt 216	männlich:	159
	weiblich:	57

An der Vermittelung sind betheiligt: Ungelernte (43), Knechte (36), Tischler (17), Schumacher (15), Schlosser (12). Bei der weiblichen Abtheilung: Dienstmädchen (39), Hausarbeiterinnen (12).

Die Einrichtung hat sich gut bewährt, doch klagt der Bericht über mangelnde Theilnahme Seitens der Arbeitgeber. Die Werke und grossen Fabriken machen von der Einrichtung keinen Gebrauch, weil sich hier die Arbeiter an Ort und Stelle anbieten.

Statut und Geschäftsordnung sind in der Anlage abgedruckt.

Quedlinburg.

Gesuche der Arbeitgeber 1115
Gesuche der Arbeitnehmer 1192
Vermittelt 848

An der Vermittelung sind betheiligt: Ungelernte (564), Tischler (47), Schlosser (44), Schuhmacher (34), Klempner (22), Schneider (18), Former (17), Hausdiener (16), Maler (12), Gärtner (11), Zimmerleute (11).

Nach auswärts wurden 309 Personen vermittelt.

Der Bericht hegt die Hoffnung auf eine gedeihliche Weiterentwickelung und betont die Vortheile der Verbindung mit benachbarten Arbeitsnachweisen. Der Arbeitsnachweis ist mit der Verpflegungsstation verbunden, was sich durchaus bewährt hat. Von den eingestellten 848 Arbeitnehmern waren 465 Wandergäste der Verpflegungsstation.

Ravensburg.

Gesuche der Arbeitgeber . . 2064 (1. April bis 31. Dezember: 1544)	männlich:	1575
	weiblich:	489
Gesuche der Arbeitnehmer . . 2741 (" " " 2826)	männlich:	2350
	weiblich:	391
Vermittelt . . . . 502 (" " " 545)	männlich:	401
	weiblich:	101

An der Vermittelung sind betheiligt: Ungelernte (105), Schreiner etc. (56), Müller etc. (29), Gärtner etc. (26), Kaufleute (23), Schneider (21). Bei der weiblichen Abtheilung: Dienstboten (88), Putz- und Waschfrauen (10).

Statut und Geschäftsordnung sind abgedruckt auf S. 26 des Berichts für 1894.

Reutlingen.

Das Arbeitsamt ist erst am 1. Januar 1897 in's Leben getreten.
Statut und Geschäftsordnung sind in der Anlage abgedruckt.

Rixdorf.

Gesuche der Arbeitgeber . . 1643 (26. September bis 31. Dezember: 545)	männlich:	1053
	weiblich:	505
Gesuche der Arbeitnehmer . 2348 (" " " 701)	männlich:	1712
	weiblich:	480
Vermittelt . . . . 1231 (" " " 354)	männlich:	888
	weiblich:	287

An der Vermittelung sind betheiligt: Handwerker (289), Fabrikarbeiter (88), gewerbliche Arbeiter (511). Bei der weiblichen Abtheilung: Dienstmädchen (130), Fabrikarbeiterinnen (50), Handarbeiterinnen (107).
Statut ist nicht erlassen. Ueber die Art des Betriebes s. S. 50 des Berichts für 1895.

Schlettstadt.

Es hat keinerlei Geschäftsthätigkeit stattgefunden, da weder Arbeitgeber noch Arbeitnehmer den Arbeitsnachweis in Anspruch genommen haben.

Siegen.

Gesuche der Arbeitgeber 337 (254)
Vermittelt 46 (46)

An der Vermittelung sind betheiligt: Schreiner (17), Schuhmacher (8), Anstreicher (7), Schlosser (3), Schneider (3). 92 Arbeiter wurden von auswärts verlangt.

Solingen.

Gesuche der Arbeitgeber . . 22 (1. November bis 31. Dezember: 16)
Gesuche der Arbeitnehmer . . 41 („   „   „   34)
Vermittelt . . . . — („   „   „   3)

Bei der weiblichen Abtheilung haben sich weder Arbeitgeber noch Arbeitnehmer gemeldet.

Strassburg i. E.

(November 1895 bis Oktober 1896)

Gesuche der Arbeitgeber . . . . . . 3136 { männlich: 1463 / weiblich: 1673
Gesuche der Arbeitnehmer . . . . . . 4514 { männlich: 2657 / weiblich: 1857
Vermittelt . . . . 1892 { männlich: 981 / weiblich: 911

An der Vermittelung sind betheiligt: Ungelernte (185), Knechte (180), Schreiner (64), Schlosser (63), Kaufleute und Schreiber (49), Sattler (44), Maler (42), Schmiede (25), Klempner (22), Gärtner (22). Bei der weiblichen Abtheilung: Dienstmädchen (417), Wasch- und Stundenfrauen (150), Köchinnen (92), Zimmermädchen (68), Küchenmädchen (65), Servirmädchen und Kellnerinnen (21), Näherinnen (20).
Der Bericht bezeichnet den Erfolg als befriedigend: „es kann mit Recht behauptet werden, dass die Errichtung des städtischen Arbeitsnachweises einem thatsächlichen Bedürfniss entsprochen hat".
Statut und Geschäftsordnung sind abgedruckt auf S. 52 des Berichts für 1895.

Stuttgart.

Gesuche der Arbeitgeber . 19834 (1. April bis 31. Dezbr. 13576) { männlich: 14307 / weiblich: 5527
Gesuche der Arbeitnehmer 21766 („   „   „   15816) { männlich: 17957 / weiblich: 3809
Vermittelt . . . . 13111 („   „   „   7512) { männlich: 10473 / weiblich: 2638

An der Vermittelung sind betheiligt: Ungelernte (3744), Schreiner etc. (1692), Gipser und Maler etc. (638), Schneider (636), Schuhmacher (582), Bauschlosser etc. (409), Sattler etc. (371), Flaschner und Installateure (323), Huf- und Wagenschmiede (271), Kesselschmiede etc. (222). Bei der weiblichen Abtheilung: Putz- und Waschfrauen (1277), Dienstboten und Köchinnen (989), Fabrik- und gewerbliche Arbeiterinnen (307).

Ueber die Verbindung der Württembergischen Arbeitsämter unter einander vergl. Seite 55 des Berichts für 1895. Diese Verbindung hat sich bewährt.

Der Bericht bezeichnet die gemachten Erfahrungen als durchaus günstig. Der umfangreiche Geschäftsbericht enthält werthvolles statistisches Material.

Statut und Geschäftsordnung sind abgedruckt auf Seite 19 des Berichts für 1894.

Trier.

Gesuche der Arbeitgeber 1027 (749)
Gesuche der Arbeitnehmer . . . 1743 (1617)

Ungefähr ⁹/₁₀ der Stellengebote konnten besetzt werden. Der Arbeitsnachweis erstreckt sich auf die verschiedensten Gewerbe. Die ungelernten Arbeiter sind auch hier am stärksten betheiligt.

Statut ist abgedruckt auf Seite 93 des Berichts für 1894, Geschäftsordnung auf Seite 56 des Berichts für 1895.

Ulm.

Gesuche der Arbeitgeber . 4136 (1. März bis 31. Dezbr. 5932) { männlich: 2052 / weiblich: 2084

Gesuche der Arbeitnehmer 6928 („ „ „ 4170) { männlich: 4930 / weiblich: 1998

Vermittelt . . . . . 2904 („ „ „ 2459) { männlich: 1154 / weiblich: 1750

An der Vermittlung sind betheiligt: Ungelernte (244), Schreiner etc. (145), Schneider (102), Flaschner und Installateure (77), Bauschlosser etc. (75), Gipser, Maler etc. (70), Huf- und Wagenschmiede (66), Kesselschmiede etc. (58), Sattler etc. (54). Bei der weiblichen Abtheilung: Dienstboten und Köchinnen (1691), Kellnerinnen (34), Putz- und Waschfrauen (22).

Nach dem Bericht hat sich die Einrichtung gut bewährt. Der Mangel eines Anschlusses an die Bayerischen Nachbarstädte (Augsburg, München) macht sich fühlbar. Die telephonische Verbindung hat sehr viel zur Förderung beigetragen.

Statut und Geschäftsordnung sind auf Seite 28 des Berichts für 1894 abgedruckt.

Worms.

(1. September bis 31. Dezember).

Gesuche der Arbeitgeber . . . 756 { männlich: 656 / weiblich: 100

Gesuche der Arbeitnehmer . . 982

Vermittelt . . . . 246 { männlich: 229 / weiblich: 17

An der Vermittelung sind betheiligt: Tagelöhner (56), Schreiner (47), Hausburschen (24), Schneider (22), Schlosser (19), Fuhrknechte (9), Zimmerleute (7), Küfer (7). Bei der weiblichen Abtheilung: Monatsfrauen (13), Dienstmädchen (2).

Nach dem Bericht hat sich der Arbeitsnachweis durchaus bewährt. Unter den zahlreichen Personen, die um eine Stelle nachfragen, sind diejenigen, welche ernstlich Arbeit suchen, selten.

Statut und Geschäftsordnung sind in der Anlage abgedruckt.

Würzburg.

Der Arbeitsnachweis hat seine Thätigkeit noch nicht begonnen.

Statut und Geschäftsordnung sind in der Anlage abgedruckt.

B. Vereins-Arbeitsnachweise.

Augsburg.
(Verband ordnungsliebender Arbeitervereine von Augsburg und Umgebung.)

Gesuche der Arbeitnehmer 3436 (3297)
Vermittelt 1697 (1962)

An der Vermittelung sind betheiligt: Ungelernte Arbeiter (704), Textilindustrie (424), Maschinenindustrie (300), Baugewerbe (193).
Der Bericht klagt über Mangel an brauchbaren und Ueberschuss an minderwerthigen Arbeitskräften. Ein Versuch, tüchtige Arbeiter von auswärts (Mannheim, Stuttgart) heranzuziehen, ist gescheitert. Als Missstand wird hervorgehoben, dass viele Arbeitgeber sich gleichzeitig an mehrere Nachweisstellen wenden.
Ueber Organisation vgl. S. 57 des Berichts von 1895.

Baden.
(Verein gegen Haus- und Strassenbettelei.)

Gesuche der Arbeitgeber 320
Besetzte Stellen 302

Der Verein besorgt seit Jahren den Arbeitsnachweis für die gewerblichen Arbeiter mit gutem Erfolg. Statuten sind nicht vorhanden.

Berlin.
(Centralverein für Arbeitsnachweis.)

Vgl. den Geschäftsbericht im ersten Theile dieser Abhandlung.

Bremen.
(Bureau der vereinigten Innungskrankenkassen und Arbeitsnachweisebureau.)

Ein Bericht für 1896 ist nicht eingegangen. Ueber die Ergebnisse für 1895 und Organisation vgl. S. 58 des Berichts für 1895.

Danzig.
(Arbeitsvermittelungsstelle der Abegg'schen Stiftung.)

Gesuche der Arbeitnehmer 1057
Vermittelt 488

Die Vermittelung erstreckte sich ausschliesslich auf ungelernte Arbeiter. Eine Reorganisation der Arbeitsnachweisstelle wird geplant.

Darmstadt.
(Centralanstalt für Arbeitsnachweis.)

Gesuche der Arbeitgeber	2229 (1262)	männlich: 1827 / weiblich: 402
Gesuche der Arbeitnehmer	3504 (2552)	männlich: 3076 / weiblich: 428
Vermittelt	1426 (857)	männlich: 1301 / weiblich: 125

An der Vermittelung sind betheiligt: Ungelernte Arbeiter (620), Schreiner u. s. w. (235), Schneider und Schuhmacher (130), Schlosser u. s. w. (105), Spengler und Installateure (49), Sattler und Tapezierer (39), Gärtner u. s. w. (39).
Ueber Organisation vgl. S. 39 des Berichts für 1894.

Dortmund.
(Wohlthätigkeits-Verein.)

Gesuche der Arbeitgeber	1162	männlich: 724 / weiblich: 438
Gesuche der Arbeitnehmer	1210	männlich: 789 / weiblich: 421
Vermittelt	918	männlich: 590 / weiblich: 328

Dresden.
(Verein gegen Armennoth und Bettelei.)

Gesuche der Arbeitgeber	11802 (7530) männlich: 3446
Vermittelt	11802 (8630) weiblich: 8356

Ueber Organisation vgl. S. 39 des Berichts für 1894.

Düsseldorf.
(Central-Arbeitsnachweisstelle für Rheinland und Westfalen.)

Gesuche der Arbeitgeber	2859 (2155)
Gesuche der Arbeitnehmer	2916 (2266)
Vermittelt	1532 (1308)

An der Vermittelung sind betheiligt: Handwerker (780), Fabrikarbeiter und Tagelöhner (591), Diener, Portiers (65), ländliche Arbeiter (46), Kutscher, Fuhrknechte (40).
Die Nachweisstelle ist im Begriff sich zu reorganisiren.
Ueber die bisherige Organisation vgl. S. 38 des Berichts für 1894.

Essen.
(Arbeitsnachweise-Verein für den Stadt- und Landkreis Essen.)

Gesuche der Arbeitgeber	1885 (737)
Gesuche der Arbeitnehmer	3282 (2434)
Vermittelt	1353 (898)

An der Vermittelung sind betheiligt: Handwerker (404), Fabrikarbeiter (235), Bergleute (202), Tagelöhner und Erdarbeiter (171), Maurer (131), Fuhrleute und Kutscher (79).
Ueber Organisation vgl. S. 40 des Berichts für 1894 und S. 60 des Berichts für 1895.

Freiburg i. Br.
(Allgemeine Arbeitsnachweis-Anstalt).

Gesuche der Arbeitgeber	8156 (5881)	männlich: 5790 / weiblich: 2366
Gesuche der Arbeitnehmer	8475 (6369)	männlich: 6354 / weiblich: 2121
Vermittelt:	6866 (5183)	männlich: 4978 / weiblich: 1888

An der Vermittelung sind betheiligt: Ungelernte Arbeiter (696), Schreiner u. s. w. (637), Landwirthschaft (393), Schneider (308), Schlosser (268), Ausläufer, Hausburschen (261), Schuhmacher (252), Wirthschaftspersonal (186), Blechner, Installateure (158), Maler, Lackirer (155), Fuhrknechte, Fuhrburschen (158), Schmiede (136), Maurer (132), Zimmerleute (118), Sattler u. s. w. (116). In der weiblichen Abtheilung: Mädchen für Alles (1033), Privat-Zimmermädchen (152), Privat-Köchinnen (145), Küchenmädchen (94), Mädchen zum Anlernen (92), Kindermädchen (89), Hotel-Zimmermädchen (53), Restaurations-Köchinnen (51), Kellnerinnen (51), Wasch- und Stundenfrauen (47).

Von den im Herbst entlassenen Reservisten meldeten sich 80, von denen 63 untergebracht wurden. Mit dem Schutzverein für entlassene Strafgefangene fand eine Verbindung statt; für 10 Schützlinge wurde Arbeit vermittelt. 73 schulentlassene Personen wurden in Lehrstellen untergebracht; als Hausburschen oder Ausläufer wurden 261 sahulentlassene Knaben untergebracht. Der Bericht hebt hervor die erhöhte Inanspruchnahme bei der weiblichen Abtheilung. Die Vermittelung des häuslichen weiblichen Gesindes gestaltete sich wegen der dabei in Betracht kommenden persönlichen Eigenschaften schwierig. Sehr schwierig war insbesondere die Vermittelung von Landmägden, weil die Mädchen nicht zu bewegen sind, Arbeit auf dem Lande zu nehmen. Mit der Anstalt ist eine Mägdeherberge verbunden, in welche 838 vorübergehend stellenlose Mädchen aufgenommen wurden.

Ueber Organisation vgl. S. 38 des Berichtes für 1894. Es sind Verhandlungen gepflogen, um die Anstalt ganz in städtischen Betrieb überzuführen. Am 4. Mai wurde in Karlsruhe die Gründung eines Verbandes der Anstalten für Arbeitsnachweis im Grossherzogthum Baden beschlossen (vgl. hierüber unten). Die Anstalt besitzt zwei Filialen in Breisach und Müllheim. Mit dem Verein gegen Haus- und Strassenbettel ist ein Uebereinkommen dahin zu Stande gekommen, dass sämmtliche zugereiste Personen vor Gewährung einer Unterstützung behufs Vermittlung von Arbeit an die Anstalt gewiesen werden.

Halle.

(Verein für Volkswohl).

(1. October 1895 bis 1. October 1896).

Gesuche der Arbeitgeber	3296	männlich: 1105 / weiblich: 2191
Gesuche der Arbeitnehmer	3805	männlich: 1483 / weiblich: 2322
Vermittelt	1763	männlich: 662 / weiblich: 1101

An der Vermittelung sind betheiligt: Ungelernte Arbeiter (431), Knechte (60), Schlosser (40), Burschen fürs Haus (39), Kutscher (8), Kuhmelker (8), Hausdiener (7), Former (6), Klempner (6). In der weiblichen Abtheilung: Köchinnen, Dienstmädchen (422), Wasch-, Plätt-, Aufwartefrauen (420), Verkäuferinnen, Arbeitsfrauen und Mädchen (173), Arbeitsfrauen für Feldarbeit (30), Wirthschafterinnen und Wärterinnen (17).

Der Bericht bezeichnet das Resultat als ein gutes und klagt über die Theilnahmelosigkeit der Arbeitgeber und der Concurrenz der Innungen.

Hamburg.

(Hamburgische Gesellschaft zur Beförderung der Künste und nützlichen Gewerbe).

Die Zahl der Arbeitsuchenden betrug 6 851 (3 749).
Diese meldeten sich 94 423 (86 820) Mal als arbeitsuchend.
Es wurde in 25 057 (31 925) Fällen Arbeit nachgewiesen.

Ausserdem schickte der Nachweis 251 landwirthschaftliche Arbeiter nach auswärts, von denen 131 angenommen wurden. Unter den 6854 Arbeitsuchenden waren 489 ständige Hilfsarbeiter der Staatsquaiverwaltung und 56 ständige Hilfsarbeiter der Hamburg-Amerika-Linie. Ueber Organisation vgl. S. 63 des Berichts von 1895.

Hannover.

(Centralstelle für Arbeitsnachweis.)

Gesuche der Arbeitnehmer	1662 (2244)
Vermittelt	1281 (1467)

Ueber Organisation vgl. S. 37 des Berichts für 1894.

Karlsruhe.
(Anstalt für Arbeitsnachweis jeglicher Art.)

Gesuche der Arbeitgeber		6891 (4754)
Gesuche der Arbeitnehmer		9809 (8385)
Vermittelt		9525 (8066)

An der Vermittelung sind am stärksten betheiligt die ungelernten Arbeiter (2600). Im Uebrigen erstreckt sich der Arbeitsnachweis auf die verschiedensten Berufe. Weibliche Dienstboten wurden 421 vermittelt. Die Zahl der Arbeitnehmer, welche Arbeit nachsuchten aber von der Eintragung in die Listen Abstand nahmen, weil ihnen nicht sofort Arbeit zugewiesen werden konnte, betrug: 10867 (13939). Mit dem Verein gegen Hausbettel besteht eine Vereinbarung wie in Freiburg. Die Anstalt gehört zum Badischen Arbeitsnachweisverband, dessen Vorort Karlsruhe ist. Ueber Organisation vgl. S. 38 des Berichts für 1894.

Köln.
(Allgemeine Arbeitsnachweis-Anstalt.)

Gesuche der Arbeitgeber .	13047 (10293)	{ männlich: 7623 weiblich: 6024
Gesuche der Arbeitnehmer	15182 (15820)	{ männlich: 10666 weiblich: 4516
Vermittelt	11380 (8860)	{ männlich: 7378 weiblich: 4002

An der Vermittelung sind betheiligt: Ungelernte Arbeiter (3264), Schlosser u. s. w. (1038), Diener, Hausknechte (792), Schreiner, Küfer (808), Anstreicher, Plasterer (418), Handwerker (230), Fabrikarbeiter (143), Maurer und Zimmerer (137), Fuhrknechte und Kutscher (162), Schuhmacher (53), Kellner (50), Schreiber (63), Landwirthschaftliche Arbeiter (82). In der weiblichen Abtheilung: Dienstmädchen und Köchinnen (3419), Wäscherinnen und Büglerinnen (259), Tagelöhnerinnen (162), Fabrikarbeiterinnen (73). Ueber Organisation vgl. S. 33 des Berichts für 1894.

Konstanz.
(Allgemeine Arbeitsnachweis-Anstalt.)

Gesuche der Arbeitgeber	. 3294	{ männlich: 1948 weiblich: 1346
Gesuche der Arbeitnehmer	. 6173	{ männlich: 4380 weiblich: 1793
Vermittelt	. 3946	{ männlich: 2816 weiblich: 1130

Ausserdem wurden 30 Lehrlinge in Arbeit gebracht.

An der Vermittelung sind die verschiedensten Berufe betheiligt, am stärksten die ungelernten Arbeiter. Die Vermittelung bei der weiblichen Abtheilung betrifft ausschliesslich Dienstboten. Der Bericht hebt die gesteigerte Inanspruchnahme hervor, welche nicht nur ein Zeichen für die Nothwendigkeit der Anstalt, sondern auch des Vertrauens zu derselben sei.

Es fällt schwer, in ausgiebiger Weise den Interessen der ländlichen Bevölkerung gerecht zu werden, weil die Arbeitnehmer, männliche oder weibliche, schwer zu bewegen sind, die Städte zu verlassen und auf dem Lande Arbeit zu nehmen. Der Bericht glaubt jedoch, dass sich hier eine Wendung zum Besseren vollzieht. Die benachbarten Naturalverpflegungsstationen sind als Filialen der Anstalt bestellt. Der Bericht bezeichnet diesen Versuch als in jeder Beziehung gelungen. Mit der Anstalt ist eine Mädchenherberge verbunden, welche am 1. November 1896 eröffnet wurde. Die Einrichtung hat sich in jeder Beziehung bewährt. Bis zum Schlusse des Jahres 1896 fanden 71 Mädchen Unterkommen, von denen 59 in Stellung gebracht wurden.

Lörrach.
(Allgemeine Arbeitsnachweis-Anstalt.)

Gesuche der Arbeitgeber	795	männlich: 388 / weiblich: 272
Gesuche der Arbeitnehmer	415	männlich: 279 / weiblich: 135
Vermittelt	350	männlich: 238 / weiblich: 112

An der Vermittelung sind betheiligt: Ungelernte Arbeiter (117), Gewerbsgehülfen (110), Lehrlinge (11) und Dienstmädchen (112).
Der Bericht hebt die Schwierigkeit hervor, Arbeiter auf's Land zu bringen.
Die Anstalt gehört dem Badischen Verbande an.
Satzungen und Geschäftsordnung sind in der Anlage abgedruckt.

Mannheim.
(Centralanstalt für unentgeltlichen Arbeitsnachweis jeglicher Art.)

Gesuche der Arbeitgeber	13 207 (10 706)	männlich: 9 523 / weiblich: 3 684
Gesuche der Arbeitnehmer	26 121 (21 888)	männlich: 21 315 / weiblich: 4 806
Vermittelt	14 055 (10 661)	männlich: 11 142 / weiblich: 2 913

An der Vermittelung sind betheiligt: Ungelernte Arbeiter (4 831), Schuhmacher, Schneider (1 207), Schreiner, Stuhlmacher (1 204), Schlosser u. s. w. (907), Blechner, Former u. s. w. (578), Maler u. s. w. (518), Schmiede, Wagner (492), Sattler u. s. w. (366), Maurer, Zimmerleute u. s. w. (241), Bildhauer, Bürstenmacher u. s. w. (168), Friseure, Barbiere (142), Buchbinder, Buchdrucker u. s. w. (140). In der weiblichen Abtheilung: Dienstmädchen, Köchinnen u. s. w. (1 412), Fabrikarbeiterinnen, Ausläuferinnen (1 042), Putz- und Monatsfrauen (303), Kleidermacherinnen, Büglerinnen, Ladnerinnen, Kellnerinnen (156).
Der Bericht spricht die Zufriedenheit mit den Resultaten aus. Das abgelaufene Jahr habe fast nach jeder Richtung hin die Hoffnungen erfüllt, welche an das weitere Gedeihen des Unternehmens geknüpft worden seien. Die stetige Steigerung sei hauptsächlich auf die vollständige Unentgeltlichkeit der Vermittelung zurückzuführen. Die Anstalt gehört zum Badischen Verbande. Ausserdem findet wöchentlich 1—3 mal ein Arbeitsmarktaustausch statt mit benachbarten Anstalten. In dem Bureau ist eine grosse Tafel angebracht, welche den Stellensuchenden in anschaulicher Weise den jeweiligen Stand des Marktes dieser Anstalten bekannt giebt. Ueber die mit dieser Einrichtung gemachten Erfahrungen wird Näheres nicht mitgetheilt. Für die von auswärtigen Kommandos angemeldeten 29 Reservisten sind sämmtlich Stellen besorgt worden, zum Antritt hat sich aber nur 1 Mann eingefunden. Die Einrichtung eines Volksbureaus zur Ertheilung von Rath für Jedermann wird geplant. An Lehrlingen wurden 302 verlangt, es konnten jedoch nur 69 besorgt werden. Dagegen war das Angebot von ungelernten Arbeitern bei Weitem grösser als die Nachfrage. Für handwerksmässig ausgebildete tüchtige Arbeiter war fast das ganze Jahr Nachfrage. Bei der Gesinde-Vermittelung konnte nur die Hälfte der Gesuche der Dienstherrschaften Befriedigung finden; es wird dies dem Mangel einer Mädchenherberge zugeschrieben.
Ueber Organisation vgl. S. 39 des Berichtes für 1894.

Mülhausen i. E.
(Anstalt für Arbeitsvermittlung.)

Gesuche der Arbeitgeber	3334 (1516)
Gesuche der Arbeitnehmer	5021 (2557)
Vermittelt	2898 (1469)

Ausserdem wurden von 250 sich meldenden Frauen und Mädchen 100 in Fabriken untergebracht. 149 landwirthschaftliche Arbeitgeber wandten sich an die Anstalt, welchen 68 Arbeiter zugewiesen wurden; 72 Arbeitsuchende hatten sich gemeldet.

Ueber Organisation vergl. Seite 37 des Berichts für 1894.

Münster i. Westf.

Der Arbeitsnachweis ist erst am 15. Dezember 1896 ins Leben getreten. Statuten und Geschäftsordnung sind in der Anlage abgedruckt.

Posen.

(Centralstelle für Arbeitsnachweis.)

Gesuche der Arbeitgeber	8690 (6934)	männlich: 3434 / weiblich: 5257
Gesuche der Arbeitnehmer	9723 (5292)	männlich: 5882 / weiblich: 3841
Vermittelt	2871 (1219)	männlich: 1110 / weiblich: 1761

An der Vermittelung sind betheiligt: Aufseher, Boten, Haushälter, Diener, Knechte, Kutscher, Kellner (626), Schuster, Schneider, Kürschner (134), Kaufleute, Schreiber, Lehrer, Buchbinder, Buchdrucker (90), Landwirthe, Gärtner u. s. w. (63), Tischler, Drechsler, Glaser, Böttcher u. s. w. (61). In der weiblichen Abtheilung: Köchinnen und Stubenmädchen (1229), Bedienungsfrauen (339), Wirthinnen, Stützen, Jungfern (61), Buchhalterinnen, Kellnerinnen (52), Lehrerinnen, Kindergärtnerinnen (34), Schneiderinnen, Näherinnen (46).

Der Bericht betont die Schwierigkeit, Arbeiter in die kleinen Städte und auf's Land zu bringen. Die Arbeitsnachweise der Innungen und die Umschau verhindern eine kräftigere Entwickelung des Facharbeitsnachweises. Lehrlingsstellen zu besetzen ist schwierig, weil die jugendlichen Personen die Beschäftigung als ungelernte Arbeiter (Laufbursche, Schreiber) vorziehen. Es ist ein Abkommen mit der Stadtpost getroffen, welche gegen geringes Honorar täglich durch ihre Boten in einer grösseren Anzahl von Fällen feststellen lässt, ob die Stellen besetzt sind. Diese Einrichtung hat sich bewährt.

Ueber Organisation vgl. S. 39 des Berichts für 1894.

Pforzheim.

(Allgemeine Arbeitsnachweis-Anstalt.)

Gesuche der Arbeitgeber	1719 (1114)	männlich: 1439 / weiblich: 286
Gesuche der Arbeitnehmer	1953 (1432)	männlich: 1693 / weiblich: 260
Vermittelt	1532 (950)	männlich: 1312 / weiblich: 220

An der Vermittelung sind betheiligt: Landwirthschaftliche Arbeiter, Dienstknechte, Tagelöhner (388), Schreiner (194), Schlosser u. s. w. (105), Schuhmacher (103), Schneider (94), Gold- und Silberarbeiter u. s. w. (86), Gypser, Maler (57), Maurer, Zimmerleute (39). In der weiblichen Abtheilung: Dienstboten und Köchinnen (143), Fabrik- und gewerbliche Arbeiterinnen (31), Wasch- und Putzfrauen (28).

Die Anstalt steht mit benachbarten Anstalten in Verbindung. Mit der Herberge zur Heimath steht die Anstalt in enger Fühlung. Mit der Stadtgemeinde war ein Uebereinkommen getroffen, dass die um Verpflegung nachsuchenden zugereisten Personen eine Bescheinigung der Arbeitsnachweis-Anstalt über die Erfolglosigkeit ihrer Nachfrage nach Arbeit vorzulegen haben.

Der Bericht klagt über Interesselosigkeit der Arbeitgeber. Bei der Dienstbotenvermittelung überschritt die Nachfrage das Angebot.

Ueber Organisation vergl. Seite 68 des Berichts für 1895.

Schopfheim.
(Allgemeine Arbeitsnachweis-Anstalt.)

Gesuche der Arbeitgeber	374
Gesuche der Arbeitnehmer	397
Vermittelt	200

An der Vermittelung sind betheiligt: Weibliche Dienstboten (80), männliche Dienstboten (62), Gewerbegehilfen (50), Lehrlinge (2), Tag- und Fabrikarbeiter (6).

Die Anstalt gehört zum Badischen Verbande und steht mit der Anstalt in Frankfurt a. M, mit der Arbeiter-Kolonie Ankenbuck und der Herberge zur Heimath in Verbindung. „Die Versuche, durch andere Anstalten Gewerbegehilfen zugewiesen zu erhalten, scheiterte in der Regel; denn in den Zeiten, wo das Bedürfniss am grössten ist, entfaltet sich auch in grösseren Orten eine erhöhte Gewerbsthätigkeit." Die Vermittelung von Dienstmädchen wird als nicht befriedigend bezeichnet, weil die Mädchen Gelegenheit haben, in den Fabriken oder in der Hauptstadt leicht Arbeit zu finden. 23 Gesuche von Lehrlingen konnten nicht befriedigt werden.

Mit der Anstalt ist eine Verpflegungsstation verbunden, in welcher 873 Wanderer eintrafen.

Satzungen und Geschäftsordnung sind in der Anlage abgedruckt.

Wiesbaden.
(Verein für Arbeitsnachweis.)

Gesuche der Arbeitgeber	4453 (1881)	männlich: 2275 / weiblich: 2178
Gesuche der Arbeitnehmer	6580 (4230)	männlich: 4154 / weiblich: 2426
Vermittelt	2946 (1660)	männlich: 2062 / weiblich: 884

An der Vermittelung sind betheiligt: Schreiner (198), Schneider (194), Schlosser (191), Schuhmacher (182), Tapezierer (172), Spengler (96), Tüncher (88), Gärtner (60), Maler (51), Barbiere und Friseure (44), Buchbinder (43), Lackirer (39), Schmiede (36), Glaser (35), Küfer (34), Sattler (34), Dreher (30). In der weiblichen Abtheilung (vom 1. Juli bis 31. December): Dienstboten (884), Monatsfrauen (229), feinere Berufsarten (37). Der Bericht spricht sich befriedigt über die Resultate aus. Seit dem 1. Juli wurde eine besondere Arbeitsnachweisstelle für Frauen errichtet, während bis dahin die Vermittelung für beide Geschlechter vereinigt war.

Ueber Organisation vergl. Seite 40 des Berichts für 1894.

Verband der Anstalten für Arbeitsnachweis im Grossherzogthum Baden.

Der Verband ist am 4. Mai 1896 in's Leben getreten. Demselben gehören an die Anstalten: Freiburg, Heidelberg, Karlsruhe, Konstanz, Lahr, Lörrach, Mannheim, Offenburg, Pforzheim und Schopfheim. Zweck und Organisation des Verbandes sind aus den in der Anlage abgedruckten Satzungen ersichtlich. Der Verband hat sich bereits über gewisse Grundsätze geeinigt, insbesondere über die Aufstellung einer einheitlichen Statistik und den gegenseitigen Austausch der eingegangenen Meldungen.

Die für die Unterbringung der entlassenen Reservisten nothwendigen Geschäfte werden durch den Verbandsvorort erledigt, welcher sich mit dem Präsidium des Landesverbandes der Badischen Militärvereine in's Benehmen gesetzt hat. Es wurden insgesammt 193 Personen untergebracht, ausserdem durch die nicht zum Verbande gehörige Anstalt Mülhausen i. E. 32 Personen. Die Nachfrage nach Reservisten ist eine grosse und hält noch Wochen nach der Entlassung an. Das Gesammtergebniss der Vermittelung bei den zum Verbande gehörigen Anstalten stellt sich wie folgt:

a) Männliche Personen: Durch 26 859 Gesuche der Arbeitgeber wurden 36 335 Arbeitskräfte verlangt; 31 109 Arbeitskräfte wurden wirklich eingestellt. Die Zahl der Arbeitnehmer, welche auf Eintragung verzichteten, weil ihnen nicht sofort Arbeit nachgewiesen werden konnte, betrug über 50 000.

b) Weibliche Personen: Bei 9285 Gesuchen der Dienstherrschaften und 9492 Meldungen von Dienstboten wurden 7035 Dienstboten eingestellt.

Die Nothwendigkeit des Verbandes wird unbedingt bejaht.

———

Nach der vorstehenden Uebersicht hat die Organisation des allgemeinen Arbeitsnachweises in Deutschland weitere Fortschritte gemacht. Neu aufgenommen sind in die Uebersicht die kommunalen Arbeitsnachweise: Frankfurt a. M., Frankfurt a. O., Giessen, Gmünd, Gotha, Hall, Heidenheim, Heidelberg, Kaiserslautern, Kalk, Kreuznach, Lahr, Landau, Neuss, Offenbach, Offenburg, Osnabrück, Quedlinburg, Reutlingen, Worms und Würzburg. Ferner die Vereins-Arbeitsnachweise: Danzig (Arbeitsvermittelungsstelle der Abegg'schen Stiftung), Dortmund (Wohlthätigkeits-Verein), Halle (Verein für Volkswohl), Konstanz (Allgemeine Arbeitsnachweis-Anstalt), Lörrach (Allgemeine Arbeitsnachweisanstalt), Münster in Westfalen und Schopfheim. Hiernach hat der kommunale Arbeitsnachweis eine stärkere Fortbildung genommen als der Vereins-Arbeitsnachweis. Was aber die Entwickelung der einzelnen Arbeitsnachweise anlangt, so sind bei den kommunalen weit erheblichere Rückgänge zu beobachten, als bei den Vereins-Arbeitsnachweisen. So wurden die kommunalen Arbeitsnachweise von Ketzin, Lüdenscheid und Schletterstadt überhaupt nicht in Anspruch genommen, bei den Arbeitsnachweisen Nordhausen, Oberhausen, Solingen fanden bei wenigen Meldungen von Arbeitnehmern und Arbeitgebern keine Arbeitsvermittelungen statt und bei den Nachweisen Crefeld, Dessau, Duisburg, Gebweiler, Mülhausen i. Th. fanden so wesentliche Rückgänge gegen das Vorjahr statt, dass die Fortexistenz dieser kommunalen Arbeitsnachweise in Frage gestellt zu sein scheint. Bei den Vereinsarbeitsnachweisen sind derartige Erscheinungen nicht eingetreten, vielmehr ist fast durchweg eine erhebliche Steigerung des Geschäftsbetriebes gegen das Vorjahr festzustellen. Bei der Errichtung von kommunalen Arbeitsnachweisen hat man sich vielfach überstürzt. Unter dem Drucke der Agitation der sozialdemokratischen Arbeiterorganisationen und angeregt durch Circularerlasse der Landesregierungen sind manche kommunale Arbeitsnachweise eingerichtet worden, für die vielleicht ein Bedürfniss nicht vorlag. Auch ist nun wohl bei der Organisirung der Arbeitsnachweise zu bureaukratisch und schablonenhaft vorgegangen; mit dem Erlass von Statuten und Geschäftsordnungen ist es nicht gethan! Manche kommunalen Arbeitsnachweise haben andererseits eine sehr erfreuliche Entwickelung genommen, so insbesondere: Erfurt, München und Stuttgart. Die Entwickelung dieser drei Arbeitsnachweise giebt den bündigsten Beweis für die Berechtigung und Lebensfähigkeit der kommunalen Arbeitsnachweise. Von den Vereinsarbeitsnachweisen sind es Freiburg i. B., Hamburg, Köln, Mannheim, Dresden und Berlin, welche besonders gute Fortschritte aufzuweisen haben. Im Einzelnen ergeben sich die Betriebsresultate der Arbeitsnachweise aus der folgenden Tabelle:

— 48 —

Bezeichnung des Arbeitsnachweises	Geschäfts- periode	Gesuche der Arbeitgeber		Gesuche der Arbeitnehmer		Vermittelt	
		insgesammt	weiblich	insgesammt	weiblich	insgesammt	weiblich
a. Kommunale Arbeitsnachweise.							
Bamberg	1896	384	—	2 700	—	40	—
Breslau	1. 9. — 31. 12.	1 677	619	2 566	507	1 226	368
Cannstadt	1896	3 296	1 422	5 964	1 407	1 712	648
Crefeld	1896	11	—	58	—	—	—
Dessau	1896	160	—	278	—	112	—
Duisburg	1896	15	—	47	—	9	—
Elberfeld	1896	717	—	1 538	—	706	—
Erfurt	1896	13 775	8 097	16 231	8 672	12 085	7 006
Esslingen	1896	1 675	178	3 483	76	617	81
Frankfurt a. M.	1. 5. 95 — 31. 3. 96	7 947	—	14 740	—	6 402	—
Frankfurt a. O.	1. 7. — 31. 12.	1 761	—	1 419	—	543	—
Fürth	1896	5 735	1 174	4 290	780	2 605	470
Gebweiler	1896	21	—	20	—	—	—
Gera	1896	966	448	1 940	446	553	248
Gmünd	1896	554	133	444	79	111	16
Göppingen	1896	702	19	4 023	15	225	5
Hall	1896	464	—	600	—	121	—
Heidelberg	15. 1. — 31. 12.	3 068	—	7 441	—	1 851	625
Heidenheim	1. 4. — 31. 12.	148	12	201	3	20	—
Heilbronn	1896	1 596	174	3 886	117	739	36
Horde	15. 9. 96 — 31. 1. 97	1 085	—	1 080	—	552	—
Kaiserslautern	1896	2 016	—	1 537	—	506	—
Kreuznach	1896	1 279	336	1 142	108	241	48
Lahr	1896	1 296	336	947	189	727	142
Landau	4. 9. — 31. 12.	102	—	—	—	56	—
Mühlhausen i. Th.	1896	29	6	22	3	16	—
München	1896	30 057	13 392	47 008	14 653	25 586	9 163
Neuss	1896	1 296	132	—	—	938	102
Nordhausen	1896	6	—	8	—	—	—
Nürnberg	1896	8 695	877	8 614	945	4 960	142
Oberhausen	1896	3	—	50	—	—	—
Offenbach a. M.	1. 11. — 31. 12.	117	—	222	—	49	—
Offenburg i. B.	1896	546	172	378	73	295	45
Osnabrück	1. 9. — 31. 12.	491	166	675	224	216	57
Quedlinburg	1896	1 115	—	1 192	—	848	—
Ravensburg	1896	2 064	449	2 741	391	592	101
Rixdorf	1896	1 043	505	2 848	493	1 231	287
Siegen	1896	337	—	—	—	46	—
Solingen	1896	22	—	41	—	—	—
Strassburg i. E.	1. 11. 95 — 1. 10. 96	3 136	1 678	4 514	1 857	1 892	911
Stuttgart	1896	19 434	5 527	21 700	3 809	13 111	2 634
Trier	1896	1 827	—	1 743	—	—	—
Ulm	1896	4 136	2 084	6 938	1 908	2 004	1 750
Worms	1. 9. — 31. 12.	756	100	982	—	246	17
b. Vereinsarbeitsnachweise.							
Augsburg	1896	—	—	3 436	—	1 697	—
Baden	1896	330	—	—	—	302	—
Berlin	1896	—	—	27 645	3 013	20 619	1 662
Danzig	1896	—	—	1 067	—	488	—

— 49 —

Bezeichnung des Arbeitsnachweises	Geschäfts- periode	Gesuche der Arbeitgeber		Gesuche der Arbeitnehmer		Vermittelt	
		insgesammt	weiblich	insgesammt	weiblich	insgesammt	weiblich
Darmstadt	1896	2 229	402	3 504	426	1 426	125
Dortmund	1896	1 162	438	1 210	421	918	328
Dresden	1896	11 802	—	—	—	11 802	—
Düsseldorf	1896	2 559	—	2 916	—	1 532	—
Essen	1896	1 665	—	8 262	—	1 653	—
Freiburg i. Br.	1896	8 156	2 346	8 475	2 121	6 866	1 868
Halle	1.10.95 — 1.10.96	3 296	2 191	8 805	2 822	1 763	1 101
Hamburg	1896	6 854	—	—	—	25 557	—
Hannover	1896	—	—	1 662	—	1 261	—
Karlsruhe	1896	6 891	—	9 800	—	9 525	—
Köln	1896	13 647	6 024	15 182	4 516	11 990	4 002
Konstanz	1896	3 294	1 346	6 173	1 763	3 946	1 130
Lörrach	1896	795	272	415	135	350	112
Mannheim	1896	13 207	3 064	26 121	4 806	14 065	2 012
Mühlhausen i. E.	1896	3 334	—	5 021	—	2 898	—
Pforzheim	1896	1 719	286	1 959	260	1 582	220
Posen	1896	8 690	5 257	9 723	3 641	2 871	1 761
Schopfheim	1896	374	—	397	—	200	—
Wiesbaden	1896	4 458	2 178	6 580	2 426	2 546	884

Bei Beurtheilung der vorstehenden Zahlen ist zu beachten, dass die Betriebsresultate der einzelnen Arbeitsnachweise keineswegs nach gleichen Grundsätzen aufgestellt sind. Das ist ein grosser Missstand, dessen Abstellung ehestens erfolgen muss. Was zunächst die Gesuche der Arbeitgeber anlangt, so wird unter dieser Rubrik theils die Zahl der meldenden Arbeitgeber gegeben ohne Rücksicht auf die Zahl der gemeldeten offenen Stellen, theils diese letztere Zahl. Am richtigsten wäre es wohl, beide Zahlen zu geben. Die Zahl der gemeldeten offenen Stellen ist für die Beurtheilung der Lage des Arbeitsmarktes unerlässlich, während die Zahl der meldenden Arbeitgeber einen Schluss auf die Betheiligung der Arbeitgeberschaft an der Arbeitsnachweis-Einrichtung gestattet. In der Rubrik „Gesuche der Arbeitnehmer" wird nur in seltenen Fällen die wirkliche Zahl der Arbeitsuchenden verzeichnet; in den meisten Fällen wird die Zahl der Eintragungen in die Listen wiedergegeben, so dass dieselben Arbeiter vielfach mehrmals gezählt werden. Das giebt natürlich ein falsches Bild über die Zahl der Arbeitslosen. Auch hier müssen beide Zahlen gegeben werden, sowohl die Zahl derjenigen Arbeiter, welche den Arbeitsnachweis in Anspruch genommen haben, als die Zahl der Fälle, in denen diese Inanspruchnahme erfolgte. Es wird dann am zweckmässigsten sein, die Eintragungen der Arbeiter statt in Listen auf Zählkarten vorzunehmen und das Kartenmaterial am Schlusse des Jahres aufzuarbeiten. Man könnte auch für jeden Arbeiter eine Individual-Karte anlegen und jeden sich meldenden Arbeiter fragen, ob er schon einmal eingetragen ist, so dass alsdann jede wiederholte Meldung auf dieser Karte vermerkt werden könnte. Aber abgesehen davon, dass bei dem bekannten Misstrauen der Arbeiter gegenüber solchen Fragen oft eine falsche Antwort gegeben werden wird, ist auch das Aufsuchen der Karte bei starkem Andrang zu zeitraubend.

Was die Zahl der vermittelten Stellen anlangt, so besteht die Hauptschwierigkeit, über die vielfach von den Arbeitsnachweisen geklagt wird, in der Feststellung, ob die Stelle besetzt ist oder nicht, d. h. ob der vom Arbeitsnachweis zum Arbeitgeber gesandte Arbeiter auch thatsächlich angenommen worden ist oder nicht. So lange man bei dieser Feststellung auf den guten Willen der Arbeitgeber oder Arbeitnehmer angewiesen ist — indem der Arbeitgeber die Annahme, der Arbeitnehmer die Nichtannahme dem Arbeitsnachweis melden soll —, wird es schwer sein, ein richtiges Ergebniss zu erzielen. Nur bei denjenigen Arbeitsnachweisen, welche für die Einschreibung von den Arbeitnehmern Gebühren erheben, kann durch die Strafe der nochmaligen Gebührenzahlung ein Druck auf die Arbeitnehmer ausgeübt werden. Dies Verfahren hat der Berliner Vereins-Arbeitsnachweis seit Jahren mit bestem Erfolg angewandt. Auch in Posen hat sich ein anderes Verfahren (Vereinbarung mit der Stadtpost) bewährt. Im Uebrigen wird jede Stelle, für welche ein vom Arbeitsnachweis gesandter Arbeiter angenommen worden ist, als „vermittelt" gelten müssen, gleichviel, ob der Arbeitgeber den betr. Arbeiter schon nach kurzer Zeit wieder entlässt und einen anderen Arbeiter verlangt.

Insgesammt wurden von 44 kommunalen Arbeitsnachweisen 83 783 Stellen und von 23 Vereins-Arbeitsnachweisen 121 436 Stellen vermittelt. Die Gesammtvermittelungs-ziffer betrug demnach rund 205 000.

Die Stellenvermittelung erstreckte sich in der Regel auf die verschiedensten Gewerbe, doch überwiegt fast ausnahmslos die Vermittelung für ungelernte Arbeiter. Für einzelne Hauptgewerbe sind gut functionirende anderweite Facharbeitsnachweise der Arbeitgeber oder Arbeitnehmer vorhanden; für die nichtorganisirten ungelernten Arbeiter tritt daher der allgemeine Arbeitsnachweis in erster Linie ein. Am vollkommensten ist der Facharbeitsnachweis vom Berliner Vereins-Arbeitsnachweis ausgebildet, wo für einzelne Gewerbe frühere Innungs-Arbeitsnachweise in besondere Abtheilungen des Central-Arbeitsnachweises übergeführt sind. Allgemein sind die Klagen über die Schwierigkeit, landwirthschaftliche Arbeitsstellen zu vermitteln. Die Arbeiter weigern sich, auf's Land zu gehen und ziehen städtische Arbeit vor. Dass die Einförmigkeit des Landlebens und der Reiz der Grossstadt hier einen gewissen Einfluss ausübt, ist nicht zu bestreiten. Indess der Hauptgrund liegt nicht hierin, sondern in den Lohn- und Arbeitsverhältnissen auf dem Lande. So stellte die Verwaltungs-commission des Arbeitsnachweises Heilbronn als Grund der Abneigung für ländliche Stellen ausdrücklich fest, dass auf dem Lande bei „geringem Lohn viel Arbeit verlangt werde und dass dieselbe insbesondere bezüglich des Beginns und Schlusses und der Pausen eine Regelung, wie sie in der grossen Stadt zu treffen ist, entbehre". Hördle hebt die durch die gute Conjunctur der Eisen- und Kohlenindustrie herbeigeführten günstigen Löhne hervor und stellt fest, dass mehrmals wirkliche Landarbeiter ausdrücklich Fabrik- oder Zechenarbeit gewünscht haben. Freiburg klagt insbesondere über die Schwierigkeit der Beschaffung von Landmägden.

Eine weitere allgemeine Klage betrifft den Mangel an tüchtigen gelernten Arbeitern bei übergrossem Angebot von minderwerthigen ungelernten Arbeitskräften und damit Hand in Hand gehend die Ursachen dieser Erscheinung: die Schwierigkeit, für offene Lehrlingsstellen jugendliche Arbeiter zu beschaffen, bei grossem Angebot dieser Arbeiter für ungelernte Arbeitsstellen. So berichtet Mannheim: Von 302 verlangten Lehrlingen konnten nur 69 beschafft werden, während das Angebot von ungelernten Arbeitern bei Weitem grösser war als die Nachfrage; für handwerksmässig ausgebildete tüchtige Arbeiter war fast das ganze Jahr Nachfrage. Ebenso Erfurt, Lahr, Augsburg, Schopfheim. In Berlin ist bei den ungelernten Arbeitsstellen die Zahl der Angebote und Nachfragen stetig im Steigen. Der Mangel einer fachlichen Lehrlings-Ausbildung ist nicht nur für die jugendlichen Arbeiter selbst, sondern für unser ganzes gewerbliches Leben zweifellos von grösstem Nachtheil. Aber auch diese Frage ist, wie so viele andere Fragen, in letzter Linie eine Lohnfrage: das schulentlassene Kind des Arbeiters muss für den Unterhalt der Familie so zeitig wie möglich mitverdienen. Die Schuld liegt nicht, wie vielfach angenommen wird, an der Faulheit und mangelndem Streben der Kinder, sondern an den Eltern, welchen die Lehrjahre ein unwillkommener Aufschub des „Verdienens" sind.

Die Unterbringung von entlassenen Reservisten hat namentlich in Baden Erfolge gehabt. Im Bezirke des Badischen Verbandes wurden insgesammt 193 Personen untergebracht, in Mülhausen i. E. 52 Personen; ausserdem hat Hördle auf diesem Gebiete Erfolge aufzuweisen. Der badische Verbandsbericht hebt hervor, wie die Nachfrage nach Reservisten eine grosse ist. Mannheim hat mit den Reservisten schlechte Erfahrungen gemacht, da wohl für sämmtliche angemeldeten 29 Reservisten Stellen geschafft werden konnten, zum Arbeitsantritt sich aber nur eine Person meldete.

Der weibliche Arbeitsnachweis wird von einer grossen Anzahl Anstalten gepflegt. Nach der oben gegebenen Tabelle sind von 23 kommunalen Arbeitsnachweisen 25 221 Stellen für weibliche Personen, von 11 Vereins-Arbeitsnachweisen 15 126 Stellen vermittelt worden. Die stärkste Vermittelung hatten bei den kommunalen Arbeitsnachweisen München (9933), Erfurt (7606) und Stuttgart (2638); bei den Vereins-Arbeitsnachweisen Köln (4002) und Mannheim (2913). Die Arbeitsnachweise befassten sich, mit Ausnahme des Berliner, welcher ausschliesslich Stellen für gewerbliche Arbeiterinnen vermittelte, in der Hauptsache mit der Gesinde-Vermittelung. Dieser Zweig der Vermittelung scheint sich, trotz der grossen Concurrenz durch die gewerbsmässigen Vermittler, gut eingerichtet zu haben. Eine Anzahl Arbeitsnachweise hebt hervor, dass es nicht möglich war, die Gesuche der Dienstherrschaften vollständig zu befriedigen. So berichtet Mannheim, dass nur die Hälfte der Aufträge ausgeführt werden konnte. Auch in Pforzheim überschritt die Nachfrage das Angebot. In Frankfurt a. O. standen 970 Gesuchen der Arbeitgeber nur 431 Gesuche der Arbeitnehmer gegenüber. Schopfheim klagt über den Mangel an Dienstmädchen und führt als Grund an: Gelegenheit in den Fabriken oder in der Hauptstadt leicht Arbeit zu finden. Der Hauptgrund für die Unlust der weiblichen Personen, in Gesindestellungen zu gehen, ist die grössere Selbstständigkeit, die grössere Bewegungsfreiheit in der Stellung als Arbeiterin; dieser Umstand lässt sie die zweifellos bessere materielle Lage in der Stellung als Dienstbote nichtachten. Mit einigen badischen Arbeitsnachweisen (Konstanz, Freiburg) ist eine Mägdeherberge verbunden, welche Einrichtung sich sehr gut bewährt hat.

Ganz allgemein sind die Klagen über die Interesselosigkeit der Arbeitgeber gegenüber den Arbeitsnachweis-Einrichtungen; namentlich sind es die Grossbetriebe, welche sich fern halten, weil die Arbeiter ihnen von selbst zuströmen. Das ist im Interesse der Fortentwickelung der ganzen Einrichtung sehr zu bedauern, denn in letzter Linie hängt der Arbeitsnachweisbetrieb von dem guten Willen der Arbeitgeber ab, von ihrer Bereitwilligkeit, die offenen Stellen dem Bureau zu melden. Es ist viel leichter, den Widerstand der Arbeiter wie den der Arbeitgeber zu überwinden; denn die Arbeiter wenden sich schliesslich doch an das Bureau, an welches die Arbeitgeber die Stellen melden. Nur wenn die Arbeitgeber dem Bureau die volle Unterstützung zu Theil werden lassen, wird es möglich sein, den Arbeitsnachweis zu einer wirklichen Centralstelle für Arbeitsangebot und -Nachfrage zu machen, nur dann wird der Arbeitsnachweis überhaupt seine Aufgabe erfüllen können. Die Theilnahmlosigkeit der Arbeitgeber ist auf dieses Gebiet nicht beschränkt, sie ist eine typische Erscheinung in unserem öffentlichen Leben, namentlich auf dem Gebiete der neuen sozialen Bestrebungen. In den Verwaltungen der Krankenkassen, der Invaliditäts-Versicherungsanstalten, der Gewerbegerichte, überall zeigt sich das mangelnde Interesse der Arbeitgeber, während auf Seiten der Arbeitnehmer das regste Interesse für alle diese Einrichtungen vorhanden ist. Wenn dann, durch diese Umstände veranlasst, die Arbeitnehmer einen grossen Einfluss auf die Verwaltung gewinnen, wenn dann mancher den Interessen der Arbeitgeber widerstreitender Beschluss zu Stande kommt, dann ist man mit Anklagen gegen die „neue Richtung" bei der Hand und es wird nach Polizei und Staatshilfe gerufen. Die Arbeitgeber sollten doch zu der Erkenntniss kommen, dass insbesondere die Arbeitsnachweis-Einrichtungen ihrem eigensten Interesse dienen und dass ein gut eingerichteter und funktionirender Arbeitsnachweis der Entwickelung der eigenen Betriebe nur nützlich sein kann.

Eine Verbindung verschiedener Arbeitsnachweise Zwecks gegenseitigen Austausches der Meldungen hat vielfach stattgefunden; über die Zweckmässigkeit und den Erfolg derartiger Verbindungen kann man nach den Berichten zu einem abschliessenden Urtheil nicht gelangen. Ueber die Centralstellen der Württembergischen Arbeitsämter in Stuttgart sind schon im vorigen Geschäftsbericht (S. 55) Mittheilungen gemacht worden. Der Stuttgarter Bericht von 1896 bemerkt nun über diese Einrichtung: „Im Juli hat das Königliche Ministerium eine Umfrage über den Erfolg dieser Einrichtung veranstaltet. Von allen Seiten wurde angegeben, dass sich die Betheiligten sehr für die Listen interessiren, und dass die Einrichtung für Arbeitgeber wie Arbeiter vortheilhaft erscheine." Der Bericht drückt sich also über die Erfolge sehr vorsichtig aus. Heilbronn hebt indess die günstigen Erfolge der Verbindung hervor. Ueber den Verband der Badischen Vereine werden in vorliegendem Bericht eingehendere Mittheilungen gemacht. Die Vermittelung für entlassene Reservisten wird als Verbandsangelegenheit behandelt und die erzielten Erfolge sind günstige. Im Uebrigen scheint der Erfolg für die Vermittelung kein grosser gewesen zu sein. Wenigstens berichtet Schopfheim, dass „die Versuche, durch andere Anstalten Gewerbegehülfen zu erhalten, in der Regel scheiterten", und Mannheim schildert nur die getroffenen Einrichtungen, ohne über die erzielten Erfolge etwas zu erwähnen. Auch der

Verbandsbericht selbst enthält keine bezüglichen Angaben. Frankfurt a. M. berichtet, dass Resultate bezüglich des Stellenaustausches nicht erzielt wurden und spricht sich über die Möglichkeit, solche Resultate zu erzielen, skeptisch aus. Auch Augsburg konstatirt das Scheitern derartiger Versuche. Hingegen betont Quedlinburg die Vortheile der Verbindung mit benachbarten Arbeitsnachweisen und Ulm beklagt den Mangel einer derartigen Verbindung. Dass der Ausgleich von Angebot und Nachfrage unter den einzelnen Arbeitsnachweisen eine der wichtigsten Aufgaben der Arbeitsnachweise ist, bedarf keiner Erörterung. Die Lösung dieser Aufgabe ist aber schwierig und wenn einzelne Arbeitsnachweise keine Erfolge erzielt haben, so wird das vielleicht an der Unzulänglichkeit der ergriffenen Massregeln liegen. Der telephonische Verkehr wird hier die wichtigsten Dienste leisten können und in der That betonen gerade diesen Umstand eine grosse Anzahl von Arbeitsnachweisen. Die organische Zusammenschliessung zu Landesverbänden, wie in Baden und Württemberg, wird zur Lösung dieser Aufgabe sicherlich sehr viel beitragen und das Beispiel ist durchaus nachahmenswerth. Aber auch die weiteren Ziele dieser Verbände, allgemeine Förderung der die Arbeitsnachweise berührenden Angelegenheiten, Einführung einer einheitlichen Statistik u. s. w., sind von höchster Bedeutung für die Entwickelung der ganzen Arbeitsnachweis-Frage, und so möchte ich an dieser Stelle den Wunsch aussprechen, dass die Organisirung der Landesverbände eine allgemeine werden und der Zusammenschluss zu einem Reichsverbande das Gebäude krönen möge.

III.

Anlagen.

Frankfurt a. M.

a) Ortsstatut.

§ 1. Die städtische Arbeits-Vermittlungsstelle hat die Aufgabe, zwischen Arbeitgebern einerseits und Arbeitnehmern andererseits Arbeit zu vermitteln. Sie kann sich, soweit es zur Erfüllung dieser Aufgaben nothwendig ist, mit anderen Arbeitsnachweisstellen sowie auch sonstigen zur Erlangung von Auskunft geeigneten Veranstaltungen in Verbindung setzen.

§ 2. Die Arbeits-Vermittlungsstelle wird unter der Aufsicht des Magistrats von einer Kommission geleitet, welche aus einem vom Magistrat ernannten Vorsitzenden und 8 von demselben zugezogenen Beisitzern besteht. Die 8 Beisitzer und 4 Stellvertreter derselben sollen zur Hälfte aus Arbeitgebern, zur Hälfte aus Arbeitern bestehen, und werden die Ersteren durch Wahl seitens der Arbeitgeber des Gewerbegerichts, die Letzteren seitens der Arbeitnehmer des Gewerbegerichts bestimmt. Für den Fall der Verhinderung ernennt der Magistrat einen Stellvertreter des Vorsitzenden. Die Amtsdauer beträgt 2 Jahre. Wählbar ist, wer den Erfordernissen des § 6 des Ortsstatuts vom 1. December 1891 entspricht.

§ 3. Die Sitzungen der Kommission werden von dem Vorsitzenden nach Bedarf, mindestens aber alle 2 Monate, einberufen. Die Kommission ist beschlussfähig, wenn alle Mitglieder geladen waren und mindestens 5 derselben — einschliesslich des Vorsitzenden — und zwar mindestens je ein Arbeitgeber und ein Arbeiter versammelt sind. Die Stellvertreter werden abwechselnd in denjenigen Fällen einberufen, in denen die Verhinderung eines Mitgliedes dem Vorsitzenden rechtzeitig mitgetheilt worden ist.

§ 4. Die Beschlüsse der Commission werden nach Stimmenmehrheit gefasst. Sind bei der Abstimmung Arbeitgeber und Arbeitnehmer in ungleicher Zahl anwesend, so hat sich der dem Lebensjahre nach jüngere Arbeitgeber bezw. Arbeitnehmer der Stimme zu enthalten.

§ 5. Die Geschäftsordnung für die Commission ist nach Anhörung derselben vom Magistrat zu erlassen.

§ 6. Für jede innerhalb der Arbeitszeit stattfindende Sitzung erhalten die Mitglieder — der Vorsitzende ausgeschlossen — eine Entschädigung von 4 M., und wenn die Sitzung nur einen halben Arbeitstag oder weniger in Anspruch nimmt, eine solche von 2 M. Diese Entschädigung kann nicht zurückgewiesen werden.

§ 7. Die Arbeiten der Vermittelungsstelle werden nach einer, von dem Magistrat auf Vorschlag der Commission zu erlassenden Dienstanweisung durch einen vom Magistrat vertragsmässig anzunehmenden Geschäftsführer besorgt, vor dessen Anstellung die Commission zu hören ist.

§ 8. Die bei der Arbeits-Vermittelungsstelle erwachsenden Materialien über die Bewegungen des Arbeitsmarktes werden dem städtischen statistischen Amte überwiesen.

§ 9. Die Kosten der Errichtung und Unterhaltung der Anstalt trägt die Stadt Frankfurt a. M. Die Vertretung der Stelle erfolgt durch den Vorsitzenden.

§ 10. Die Arbeits-Vermittlung erfolgt unentgeltlich.

§ 11. Den städtischen Behörden bleibt es jederzeit vorbehalten, die Arbeits-Vermittlungsstelle wieder aufzuheben.

b) Geschäftsordnung.

§ 1. Die Arbeits-Vermittelungsstelle steht unter der Aufsicht der für dieselbe durch Ortsstatut vom 18. Januar 1892 eingesetzten Verwaltungs-Commission. Diese versammelt sich, so oft es der Vorsitzende für nothwendig erachtet, oder 3 Mitglieder die Berufung unter Angabe der zu berathenden Gegenstände verlangen, mindestens aber alle 2 Monate einmal.

§ 2. Ueber die Commissions-Sitzungen wird ein Protokoll geführt, das zu Anfang der folgenden Sitzung zu verlesen und ausser vom Vorsitzenden von zwei Commissionsmitgliedern, einem Arbeitnehmer und einem Arbeitgeber, zu unterzeichnen ist.

§ 3. Die Commissionsmitglieder sind verpflichtet, den Geschäftsgang der Arbeits-Vermittelungsstelle nach Möglichkeit zu kontrolliren und befugt, zu diesem Zweck das Lokal der Arbeits-Vermittelungsstelle zu besuchen und die Bücher u. s. w. einzusehen. An sie gelangende Beschwerden haben sie dem Vorsitzenden mitzutheilen, oder direct in den Commissions-Sitzungen zur Sprache zu bringen.

§ 4. Die Arbeits-Vermittelungsstelle wird nach Aussen durch den Vorsitzenden vertreten. Derselbe ist berechtigt, die Erledigung einzelner Geschäfte, insbesondere die auf die Arbeits-Vermittelungsstelle bezüglichen Correspondenzen u. s. w., dem Geschäftsführer der Arbeits-Vermittelungsstelle zu übertragen.

§ 5. Die Lokale der Arbeits-Vermittelungsstelle sind dem Zutritt der Arbeitgeber und Arbeiter an allen Wochentagen von 9 bis 1 Uhr und von 3 bis 5 Uhr sowie an Sonntag-Vormittagen von 9 bis 12 Uhr geöffnet. Die Commission ist befugt, den Aufenthalt auch während der Stunden von 1 bis 3 Uhr zu gestatten.

§ 6. Alle eingehenden Anfragen wegen Arbeit und nach Arbeitern werden in Listen eingetragen. Diese Listen enthalten: 1. Nachfragen nach Arbeitern; Datum, laufende Nummer, Namen des Arbeitgebers, Zahl und Beruf der gesuchten Arbeiter, Höhe des gebotenen Lohnes, Tag der Erledigung des Gesuchs, Bemerkungen (auf Wunsch der Nachfragenden); 2. Nachfragen nach Arbeit; Datum, laufende Nummer, Name, Stand, Wohnort, Alter des Arbeitsuchenden, Familienstand, Lohnanspruch, letzte Arbeitsstelle, Tag der Erledigung der Nachfrage, Bemerkungen (auf Wunsch der Nachfragenden). Die Ertheilung des Nachweises erfolgt, wenn Arbeitgeber und geeignete Arbeiter im Lokal anwesend sind, mündlich; andernfalls schriftlich durch Mittheilung an den Arbeitgeber, in geeigneten Fällen durch Anschlag an die im Lokal vorhandenen Tafeln. Die um Arbeit nachsuchenden Arbeiter werden nach der Reihenfolge der Anmeldung berücksichtigt, so jedoch, dass Personen, die mit ihrer Familie hier oder in den Vororten ansässig sind, vor Alleinstehenden und vor neu Zugezogenen bevorzugt werden können.

§ 7. Die Eintragung der Gesuche in die Listen erfolgt auf Grund von schriftlichen und mündlichen Anzeigen. Formulare zu schriftlichen Anzeigen werden unentgeltlich abgegeben. Die Mittheilung der Anmeldungen von Arbeitern an die Arbeitgeber erfolgt ausschliesslich durch offene, den Arbeitern übergebene Karten, die einstweilen und vorbehaltlich von der Commission zweckmässig scheinenden Aenderungen den Inhalt Anlage I haben.

§ 8. Arbeitgeber und Arbeiter, welche die Arbeits-Vermittelungsstelle in Anspruch nehmen, sind verpflichtet, derselben sofort und unter Bezugnahme auf den Tag der Anfrage Kenntnis zu geben, sowie sie, sei es durch die Arbeits-Vermittelungsstelle, sei es ohne dieselbe, die erforderlichen Arbeitskräfte oder die gesuchte Arbeit erlangten. Alle Fragen nach Arbeit wie nach Arbeitern gelten als innerhalb einer Woche nach der Anmeldung erloschen, wenn sie nicht vor Ablauf dieser Zeit erneuert werden.

§ 9. Die Arbeits-Vermittelungsstelle wird die in den Tagesblättern erscheinenden Mittheilungen über offene Stellengesuche sammeln und ferner durch regelmässige Umfrage bei den bestehenden Vereinigungen der Arbeitgeber und -Nehmer sowie den anderen hiesigen und, soweit erforderlich, auswärtigen Arbeits-Vermittelungsstellen die erforderliche Kenntnis zur thunlichsten Befriedigung der an sie gelangenden Anfragen zu erlangen suchen.

Frankfurt a. O.

Ortsstatut.

§ 1. Für die Stadt Frankfurt a. O. wird eine Arbeitsnachweisstelle als städtische Anstalt errichtet. Dieselbe hat die Aufgabe, zwischen Arbeitgebern und Arbeitnehmern (einschliesslich der Dienstboten, landwirthschaftlichen und unständigen Arbeiter) Arbeit zu vermitteln. Die Vermittelung beschränkt sich auf die Bekanntgebung der bei der Stelle angemeldeten oder ihr sonst amtlich bekannt gewordenen Arbeitsgelegenheiten und Arbeitsangebote. Sie erfolgt unentgeltlich. Auswärts wohnende Personen haben die der Stelle erwachsenden Portokosten zu tragen. Die Arbeitsnachweisstelle kann sich mit anderen Nachweisstellen sowie sonstigen zur Ertheilung von Auskunft geeigneten Veranstaltungen in Verbindung setzen.

§ 2. Die Arbeitsnachweisstelle steht unter der Aufsicht des Magistrats und wird von einer Kommission geleitet, welche aus dem Vorsitzenden bezw. dessen Stellvertreter und sechs Beisitzern besteht. Der Vorsitzende und sein Stellvertreter werden von dem Magistratsdirigenten aus der Zahl der Magistratsmitglieder ernannt. Die Beisitzer werden auf die Dauer von drei Jahren, erstmalig jedoch nur bis zum Ablauf der Amtsperiode der gegenwärtigen Beisitzer des Gewerbegerichts gewählt und zwar: a) je zwei Beisitzer aus dem Kreise der Arbeitgeber und der Arbeitnehmer durch die Beisitzer des Gewerbegerichts aus ihrer Mitte, erstere durch die Arbeitgeber, letztere durch die Arbeitnehmer; b) je ein Beisitzer aus dem Kreise der Arbeitgeber und der Arbeitnehmer durch die Stadtverordneten-Versammlung. Die Wahlen zu a) werden durch das Vorsitzenden des Gewerbegerichts veranlasst und erfolgen durch Stimmzettel nach Stimmenmehrheit. Bei Stimmengleichheit entscheidet das Loos. Die von den Beisitzern des Gewerbegerichts gewählten Mitglieder verlieren die Mitgliedschaft, wenn sie aus dem Amte als Gewerbegerichtsbeisitzer ausscheiden. Bei den hiernach oder sonst erforderlich werdenden Ergänzungswahlen erfolgt die Wahl nur bis zum Ablauf der Wahlperiode der ausgeschiedenen Beisitzer.

§ 3. Die Sitzungen der Kommission werden vom Vorsitzenden nach Bedarf oder auf Antrag von vier Beisitzern berufen. Die Beschlüsse werden nach Stimmenmehrheit gefasst. Bei Stimmengleichheit entscheidet die Stimme des Vorsitzenden. Die Kommission ist beschlussfähig, wenn ausser dem Vorsitzenden drei Beisitzer anwesend sind. Die Geschäftsordnung für die Kommission wird nach deren Anhörung von dem Magistrat erlassen.

§ 4. Die Beisitzer erhalten als Entschädigung für jede Sitzung, an der sie theilgenommen haben, den Betrag von je zwei Mark.

§ 5. Die Kommission darf ihre Beschlüsse nicht selbst ausführen, sondern hat ihre Anträge durch Vermittlung ihres Vorsitzenden dem Magistrat zu überreichen. Ueber die Anträge entscheiden die städtischen Körperschaften gemäss den Bestimmungen der Titel IV und V der Städteordnung.

§ 6. Der schriftliche Verkehr der Arbeitsnachweisstelle mit den Arbeitgebern und den Arbeitnehmern sowie mit anderen Arbeitsnachweisstellen erfolgt unter der Firma: „Städtische Arbeitsnachweisstelle".

§ 7. Die Kosten der Einrichtung und der Unterhaltung der Stelle trägt die Stadtgemeinde. Die erforderlichen Arbeitskräfte werden vom Magistrat angenommen.

§ 8. Dieses Ortsstatut tritt mit dem 1. April 1896, in seinen organischen Bestimmungen jedoch sofort in Kraft. Diese Einrichtung wird vorläufig auf drei Jahre getroffen und jährlich ein Etat aufgestellt, der der Versammlung zur Genehmigung vorgelegt wird.

Giessen.

Ortsstatut.

§ 1. Der Arbeitsnachweis hat die Aufgabe, zwischen Arbeitgebern und Arbeitnehmern (Arbeitern jeglicher Art, Dienstboten und Lehrlingen und zwar überall beiderlei Geschlechts) Arbeit zu vermitteln.

§ 2. Die Leitung und Verwaltung des Arbeitsnachweises ist einer städtischen Deputation übertragen, welche besteht: 1. aus dem Bürgermeister oder dem von ihm dazu beauftragten Beigeordneten als Vorsitzender, 2. aus acht von der Stadtverordneten-Versammlung gewählten Mitgliedern, von welchen je die Hälfte Arbeitgeber und Arbeitnehmer, sowie mindestens je drei Arbeitgeber und je drei Arbeitnehmer vorbehaltlich der in dem nachfolgenden Satz enthaltenen Einschränkung Beisitzer des Gewerbegerichtes sein müssen. Gemäss Artikel 52 der Städteordnung müssen mindestens zwei Mitglieder Stadtverordnete sein; es ist daher, soweit zur Deckung dieser Mindestzahl erforderlich, die Wahl nicht auf die Beisitzer des Gewerbegerichtes beschränkt. Sämmtliche Mitglieder der Deputation müssen nach Artikel 19 u. ff. der Städteordnung stimmberechtigte und wählbare Mitglieder der Stadtgemeinde sein. Die Amtsdauer erlischt: a) für diejenigen Mitglieder, welche Stadtverordnete sind, mit der bei der regelmässigen Ergänzung der Stadtverordneten-Versammlung stattgehabten Einführung der neugewählten Mitglieder derselben, b) für die übrigen Mitglieder mit dem Ablauf der Zeit, auf welche die Beisitzer des Gewerbegerichts gewählt waren.

§ 3. Die Sitzungen der Deputation werden von dem Vorsitzenden nach Bedarf oder auf Antrag von fünf Mitgliedern, jedoch mindestens alle drei Monate einberufen. Die Deputation ist beschlussfähig, wenn alle Mitglieder geladen und einschliesslich des Vorsitzenden fünf Mitglieder und zwar wenigstens zwei Arbeitgeber und zwei Arbeitnehmer versammelt sind. Sind die Mitglieder zum zweiten Male zur Verhandlung über denselben Gegenstand einberufen, aber dennoch nicht in genügender Zahl erschienen, so sind die Erschienenen über diesen Gegenstand unter allen Umständen beschlussfähig. Die Beschlüsse der Deputation werden nach Stimmenmehrheit gefasst; insoweit bei der Abstimmung Arbeitgeber und Arbeitnehmer in ungleicher Zahl anwesend sind, haben sich die überzähligen Mitglieder der stärkeren Seite und zwar zunächst die dem Lebensalter nach jüngeren der Abstimmung zu enthalten.

§ 4. Alle Kosten für Errichtung und Unterhaltung des Arbeitsnachweises trägt die Stadt Giessen; die Arbeitsvermittlung selbst erfolgt unentgeltlich.

§ 5. Die für den Arbeitsnachweis erforderlichen Beamten werden nach Anhörung der Deputation auf Beschluss der Stadtverordneten-Versammlung durch die Grossh. Bürgermeisterei Giessen auf Widerruf angestellt und entlassen.

§ 6. Die Mitglieder der Deputation erhalten, soweit sie nicht zugleich Stadtverordnete sind, für jede Sitzung, welcher sie beiwohnen, eine Entschädigung von zwei Mark, und, falls die Sitzung mehr als einen halben Arbeitstag in Anspruch nimmt, eine solche von vier Mark.

§ 7. Bei Streitigkeiten, welche zwischen Arbeitgebern und Arbeitnehmern über die Bedingungen der Fortsetzung oder Wiederaufnahme des Arbeitsverhältnisses entstehen und zu Ausständen oder Aussperrungen führen, stellt der Arbeitsnachweis seine Thätigkeit für die Betheiligten ein, sobald das dafür zuständige Gewerbegericht, oder im Falle der Unzuständigkeit des Letzteren die Deputation für den Arbeitsnachweis auch nur von einem der streitenden Theile als Einigungsamt angerufen wird. Sofern vor diesem Einigungsamt weder eine Vereinbarung noch ein von beiden Theilen anerkannter Schiedsspruch zustande gekommen ist, beschliesst die Deputation, ob der Arbeitsnachweis für die Betheiligten wieder aufgenommen oder bis zur Beilegung des Streites eingestellt bleiben soll.

§ 8. Die Geschäfte des Arbeitsnachweises werden nach einer Geschäftsordnung, die von der Stadtverordneten-Versammlung nach Anhörung der Deputation erlassen wird, geführt. — Die Vertretung der Anstalt erfolgt durch den Vorsitzenden der Deputation.

§ 9. Der Arbeitsnachweis tritt mit dem 1. November 1896 in Wirksamkeit.

Gmünd (Schwäbisch).

a) Ortsstatut.

§ 1. Das Arbeitsamt hat den Zweck, zwischen Arbeitgeber und Arbeitnehmer (männlichen und weiblichen, gewerblichen und landwirthschaftlichen Arbeitern, Dienstboten und Lehrlingen) Arbeit zu vermitteln.

§ 2. Die Arbeitsvermittlung geschieht unentgeltlich. Die Kosten werden von der Stadt getragen.

§ 3. Das Arbeitsamt steht unter der Oberaufsicht des Gemeinderaths, sowie unter der Leitung und Aufsicht einer Commission, welche aus einem Vorsitzenden und einem Stellvertreter desselben, sowie aus vier Mitgliedern und vier Stellvertretern derselben besteht. Der Vorsitzende der Commission und dessen Stellvertreter sind der Vorsitzende des Gewerbegerichts und dessen Stellvertreter für die Dauer dieses ihres Amtes. Die Mitglieder der Commission und deren Stellvertreter werden von den Beisitzern des Gewerbegerichts aus ihrer Mitte gewählt und zwar werden von den Arbeitgebern und von den Arbeitnehmern je 2 Mitglieder und je 2 Stellvertreter gewählt. Die Amtsdauer der Mitglieder und Stellvertreter erlischt mit dem Ablauf der Zeit, auf welche sie für das Gewerbegericht gewählt sind. Die Gültigkeit der Wahl erfordert, dass sich mindestens die Hälfte der als Beisitzer des Gewerbegerichts gewählten Arbeitgeber bezw. Arbeitnehmer an der Wahlhandlung betheiligt.

§ 4. Die Sitzungen der Commission werden von dem Vorsitzenden je nach Bedarf einberufen. Wenn ein ordentliches Mitglied am Erscheinen verhindert ist, ist ein Stellvertreter beizuziehen.

§ 5. Die Geschäfte des Arbeitsamts werden von dem Vorsteher besorgt. Die Geschäftsstunden dauern von Vormittags 8½—12½ Uhr und Nachmittags von 3—6 Uhr. Gesuche von Arbeitgebern und Arbeitnehmern können schriftlich oder mündlich resp. telephonisch angebracht werden. Formulare für schriftliche Gesuche können vom Arbeitsamt jederzeit unentgeltlich bezogen werden. Die Erlassung einer Dienstanweisung für die Angestellten des Arbeitsamtes steht dem Gemeinderath nach Anhörung der Commission zu.

§ 6. Das Arbeitsamt tritt am 1. April 1896 ins Leben.

b) Geschäftsordnung.

§ 1. Der Vorsteher des Arbeitsamtes ist der Beamte der Ortsbehörde für die Arbeitervermittelung. Die anfallenden Schreibereigeschäfte werden durch den Gehilfen der Spitalverwaltung besorgt.

§ 2. Das Arbeitsamt ist an den Werktagen von Vormittags 8½—12½ Uhr und von Nachmittags 3—6 Uhr geöffnet.

§ 3. Die Arbeitsvermittlung geschieht mittelst Listen, die nach Klassen bezw. Berufsarten, wie sie von der Landeszentrale Stuttgart vorgeschrieben sind, für Arbeitgeber, männliche und weibliche Arbeiter, Dienstboten und Lehrlinge je getrennt geführt werden. Bei Gesuchen von Arbeitern, Dienstboten und Lehrlingen wird eingetragen: Tag der Anmeldung, Name, Alter und Geburtsort, Familienstand, Wohnung, gesuchte Beschäftigung, besondere Bemerkungen. Bei Lehrlingen noch Name des Vaters und Schulbesuch. Bei Gesuchen von Arbeitgebern wird eingetragen: Tag der Anmeldung, Name und Adresse, Beschäftigung der gesuchten Person, besondere Bemerkungen.

§ 4. Die Eintragung der Gesuche geschieht auf Grund von schriftlichen und mündlichen resp. telephonischen Anzeigen. Formulare zu schriftlichen Anzeigen werden unentgeltlich abgegeben.

§ 5. Die Anzeige der Erledigung von Gesuchen wird auf den Listen vermerkt.

§ 6. Gesuche, welche nicht binnen 14 Tagen erledigt oder zurückgezogen werden, gelten als erloschen.

§ 7. Die Mitglieder der Commission haben die Pflicht, die Geschäftsführung zu kontrolliren, zu diesem Zweck steht ihnen das Recht zu, Einsicht in die Geschäftsbücher zu nehmen. Wenn zwei Mitglieder der Commission die Einberufung einer Sitzung verlangen, so ist der Vorsitzende verpflichtet, diesem Wunsche in thunlichster Bälde stattzugeben.

§ 8. Beschwerden über die Geschäftsführung oder die Beamten des Arbeitsamtes sind bei dem Vorsitzenden der Commission anzubringen. Wenn dieser nicht sofort Abhilfe schaffen kann, so hat er die Beschwerde der Commission vorzulegen. Gegen deren Entscheidung steht dem Betheiligten das Recht der Beschwerde an den Gemeinderath zu.

Heidenheim.

Ortsstatut.

§ 1. Das Arbeitsamt Heidenheim hat den Zweck, zwischen Arbeitgebern und Arbeitnehmern (gewerblichen Arbeitern, Dienstboten und Lehrlingen) Arbeit zu vermitteln.

§ 2. Die Arbeitsvermittlung geschieht unentgeltlich. Die Kosten werden von der Stadt getragen.

§ 3. Das Arbeitsamt steht unter Leitung eines Vorstehers und unter Aufsicht einer Commission, bestehend aus einem Vorsitzenden (Vors. des Gewerbegerichts), vier Mitgliedern und vier Stellvertretern. Die Mitglieder der Commission und deren Stellvertreter werden von den Beisitzern des Gewerbegerichts aus ihrer Mitte gewählt und je 2 Mitglieder und 2 Stellvertreter aus dem Kreis der Arbeitgeber und Arbeitnehmer. Die Amtsdauer der Mitglieder und Stellvertreter erlischt mit dem Ablauf der Zeit, auf die sie für das Gewerbegericht gewählt sind.

§ 4. Die Sitzungen der Commission werden von dem Vorsitzenden je nach Bedarf einberufen.

§ 5. Die Geschäfte des Arbeitsamtes werden von dem Vorsteher besorgt. Die Geschäftsstunden des Arbeitsamtes dauern von Vormittags 9 bis 12 Uhr, Nachmittags von 3 bis 7 Uhr. Gesuche von Arbeitgebern und Arbeitnehmern können schriftlich, mündlich oder telephonisch angebracht werden. Formulare für schriftliche Gesuche können vom Arbeitsamt jederzeit unentgeltlich bezogen werden.

Kaiserslautern.

a) Satzungen.

§ 1. Die Stadt Kaiserslautern errichtet unter dem Namen „Anstalt für Arbeitsnachweis jeglicher Art" eine Anstalt zur unentgeltlichen Arbeitsvermittlung zwischen Arbeitnehmern und Arbeitgebern.

§ 2. Die Anstalt wird verwaltet durch einen Ausschuss, bestehend aus dem Bürgermeister oder dessen Stellvertreter als Vorsitzenden und je 5 Arbeitgebern und je 5 Arbeitnehmern, welche vom Stadtrath auf die Dauer dessen Wahlperiode gewählt werden. (Art. 67 Abs. 5 Gde.-O.).

§ 3. Der Ausschuss tritt auf Einladung des Vorsitzenden zu Sitzungen zusammen und begreift seine Geschäftsaufgabe: 1. Die Auswahl bezw. den Vorschlag der vom Stadtrathe zu erwählenden Angestellten der Anstalt; 2. den Entwurf bezw. die Aenderung der Geschäftsordnung für die Anstalt, welche der endgültigen Feststellung durch den Stadtrath unterliegt; 3. die Ueberwachung der Geschäftsführung der Anstalt, die Entgegennahme von Beschwerden und Wünschen und die Stellung der erforderlichen Anträge an den Stadtrath; 4. die Feststellung des Rechenschaftsberichts der Anstalt, welcher bis 1. Februar alljährlich für das abgelaufene Jahr dem Stadtrath vorzulegen ist.

§ 4. Die formelle Geschäftsführung des Ausschusses regelt sich nach den Bestimmungen in Art. 78 Gde.-O.

b) Geschäftsordnung.

§ 1. Die Anstalt für Arbeitsnachweis wird als offenes Geschäft betrieben und am 1. September 1895 eröffnet.

§ 2. Sämmtliche Geschäfte besorgt unter der Aufsicht des vom Stadtrath bestellten Ausschusses der Verwalter, welchem weitere Arbeitskräfte nach Bedarf unterstellt werden können.

§ 3. Die Anstalt ist an jedem Werktag Morgens von 8—1 Uhr und Nachmittags von 3—7 Uhr, sodann an Sonntagen und Wochenfeiertagen von 11—12 Uhr Vormittags geöffnet. Während dieser Geschäftsstunden muss stets mindestens ein Bediensteter anwesend sein bezw. für sachgemässe Stellvertretung sorgen.

§ 4. Auf Streikfälle hat die Anstalt keine Rücksicht zu nehmen.

§ 5. Die von Arbeitgebern und Arbeitnehmern einlaufenden Gesuche sind, nach Berufsarten getrennt, unter fortlaufender Reihenfolge in die dafür bestimmten besonderen Bücher einzutragen und thunlichst rasch und gewissenhaft zu erledigen. Auch von auswärts eingehende Gesuche müssen in diese Bücher eingetragen werden.

§ 6. Alle Arbeitsangebote und Arbeitsgesuche gelten 14 Tage fortdauernd, wenn sie während dieser Zeit nicht zurückgezogen werden. Die die Vermittlung der Anstalt in Anspruch nehmenden Arbeitgeber sind verpflichtet, die Besetzung angemeldeter Arbeitsstellen sofort anzuzeigen. Die Arbeitnehmer sind in gleichem Sinne zur Meldung verpflichtet, sobald sie eine ihnen zugewiesene Stelle angetreten oder nach ihrer Anmeldung bei der Anstalt sonstwie Arbeit gefunden haben.

§ 7. Arbeitsgesuche gelten sonach als erledigt: a) sobald die vorstehend vorgesehene Besetzungsanzeige erstattet ist; b) 14 Tage nach der Anmeldung, sofern weder die erwähnte Anzeige erstattet, noch das Gesuch erneuert worden ist.

§ 8. Auswärtige Arbeitgeber sind verpflichtet, die ihnen innerhalb 14 Tagen nach Empfang ihrer Anmeldung zugewiesenen, mit ordnungsmässiger Anweisung versehenen Arbeiter für die Hin- und Rückreise zu entschädigen, wenn letztere die Ihnen angewiesene Stelle nicht mehr erhalten können. Für jeden Fall haben sie sodann der Anstalt ihre Porto-Auslagen zu vergüten.

§ 9. Die Anstalt hat durch stete Umfrage einen lebhaften Verkehr mit den Arbeitgebern und Arbeitnehmern zu unterhalten, um, soweit möglich, auch auf diesem Wege festzustellen, ob die Arbeitsuchenden versorgt sind, ferner ob noch nicht angemeldete Arbeitsstellen offen sind und welche.

§ 10. Dem Bürgermeisteramt und den Mitgliedern des Ausschusses ist die umfassendste Einsichtnahme von allen Einrichtungen der Anstalt für Arbeitsnachweis jederzeit gestattet bezw. vorbehalten.

§ 11. Wünsche und Beschwerden können in das zu diesem Zwecke jederzeit im Geschäftszimmer aufliegende Beschwerdebuch eingetragen werden. Innerhalb 24 Stunden nach erfolgtem Eintrag ist ein Auszug hieraus dem Vorsitzenden des die Anstalt überwachenden Ausschusses (Bürgermeister) mitzutheilen, und, dass dies geschehen, sofort im Beschwerdebuch unter Beifügung des Datums sowie des Handzuges des den Auszug fertigenden Beamten zu vermerken.

§ 12. Am Schlusse des Geschäftsjahres ist ihrer Rechenschaftsbericht zu entwerfen und längstens binnen vier Wochen unter Anschluss eines statistischen Nachweises über die Gesammtergebnisse des Anstaltsbetriebes dem Bürgermeisteramte vorzulegen.

§ 13. Die Anstaltsbediensteten haben die Bestimmungen dieser Geschäftsordnung, welche zu Jedermanns Einsicht im Geschäftszimmer stets aufliegen muss, strengstens zu beachten und den Anordnungen des Bürgermeisteramtes bezw. Ausschusses pünktlich Folge zu geben.

Kreuznach.

a) Ortsstatut.

§ 1. Für die Stadt Kreuznach wird eine Arbeits-Nachweisstelle errichtet, welche die Aufgabe hat, zwischen Arbeitgebern einerseits und Arbeitnehmern einschliesslich der Dienstboten andererseits Arbeit zu vermitteln. Jede agitatorische Thätigkeit ist ausgeschlossen. Die Stelle setzt sich zur Erfüllung dieser Aufgabe mit hier oder auswärts bestehenden Nachweisstellen, sowie nach sonstigen zur Erlangung von Auskunft geeigneten Veranstaltungen und Behörden in Verbindung.

§ 2. Die Geschäfte der Arbeitsnachweisstelle werden nach einer von dem Vorsitzenden der Stelle und dem Bürgermeister gemeinsam zu erlassenden Geschäftsordnung geführt.

§ 3. Die Kosten der Einrichtung, Verwaltung und Unterhaltung der Anstalt trägt die Stadt. Die Benutzung derselben geschieht unentgeltlich.

§ 4. Die Arbeits-Nachweisstelle steht unter dem Vorsitzenden des Gewerbegerichts, dem eine Kommission von 6 Mitgliedern zur Seite steht, die zu je einem Drittheil aus der Stadtverordneten-Versammlung, aus den Beisitzern des Gewerbegerichts und dem Vorstand der Ortskrankenkasse durch diese Körperschaften zu wählen sind. Drei Mitglieder müssen dem Stande der Arbeitnehmer angehören. Die Mitglieder, welche auf drei Jahre gewählt werden, verwalten das Amt als Ehrenamt unentgeltlich.

§ 5. Die Beschlüsse der Kommission, welche vom Vorsitzenden nach Bedarf oder auf Antrag von 2 Mitgliedern einzuberufen ist, werden nach Stimmenmehrheit gefasst. Bei Stimmengleichheit entscheidet die Stimme des Vorsitzenden.

b) Geschäftsordnung.

§ 1. Die Arbeitsnachweisstelle steht unter der Aufsicht der für dieselbe durch Ortsstatut vom 23. April 1896 eingesetzten Verwaltungs-Kommission.

§ 2. Der Vorsitzende hat die Geschäfte zu leiten, die Arbeitsnachweisstelle nach aussen zu vertreten, und dem Geschäftsführer Aufträge und Instruktionen zu ertheilen.

§ 3. Die Arbeitsnachweisstelle wird mit Genehmigung des Vorstandes der Ortskrankenkasse in deren Geschäftsräumen eingerichtet und von dem Kassenführer derselben im Nebenamte verwaltet. Die Geschäftsräume sind während der Geschäftsstunden der Ortskrankenkasse geöffnet.

§ 4. Anfragen sind mündlich oder unter der Adresse: „An die Arbeitsnachweisstelle in Kreuznach" schriftlich zu stellen. Die Aufträge der Arbeiter um Arbeit werden in Karten, welche die Personalien der Arbeitsuchenden enthalten, eingetragen. Ueber die Nachfragen von Arbeitgebern um Arbeiter werden Listen geführt. Die arbeitsuchenden Arbeiter werden nach der Reihenfolge der Anmeldung berücksichtigt, so jedoch, dass verheirathete Personen, die hier ansässig sind, vor Alleinstehenden und diese vor neu Zugezogenen berücksichtigt werden können.

§ 5. Die Zuweisung von Arbeitern an Arbeitgeber erfolgt durch eine mit entsprechendem Vordruck versehene Karte, die seitens der Arbeitgeber auf einer anhängenden Karte sofort dahin zu beantworten ist, ob und wie die Vermittelung von Erfolg gewesen ist. Alle Anfragen wegen Arbeit gelten nach Ablauf einer Woche als erloschen, wenn sie vorher nicht erneuert werden.

§ 6. Die Arbeitsnachweisstelle wird sich zur Veröffentlichung der an sie ergehenden Anfragen, soweit sie dies für erforderlich erachtet, der Tagesblätter bedienen, auch die in diesen erscheinenden Anzeigen über offene Stellen sammeln und endlich sich mit anderen Arbeitsnachweisstellen in Verbindung setzen.

Lörrach.

a) Satzungen.

§ 1. Die Arbeitsnachweisanstalt Lörrach hat den Zweck: a) die Arbeitsvermittelung zwischen Arbeitgebern und Arbeitnehmern jeglicher Art; b) die Vermittelung von Lehrstellen zu übernehmen.

§ 2. Die Vertretung des Verbandes wird gebildet durch je einen Vertreter der an dem Verband betheiligten Vereine und Korporationen, sowie der Einzelmitglieder, welche nicht schon Mitglied einer der vorgenannten Vereine oder Korporationen sind; je 20 Einzelmitglieder haben eine Stimme. Ausserdem haben Staat, Kreis und Gemeinden je einen Vertreter, sofern sie die Anstalt unterstützen. Die Vertreter treten halbjährlich zu einer Hauptversammlung zusammen; ausserdem wenn es der Verwaltungsrath für nothwendig erachtet oder ein Viertel der Verbandsvertreter es schriftlich verlangen. Die Verbandsvereine, Korporationen und Einzelmitglieder sind berechtigt, durch ihre zur Verbandsversammlung entsendeten Vertreter zu jeder Zeit von der Art des Betriebes der Arbeitsnachweis-Anstalt persönliche Einsicht nehmen und den Inhalt der Bücher einer Durchsicht unterziehen zu lassen. Zu diesem Zwecke werden ihnen besondere Ausweiskarten eingehändigt.

§ 3. Bei allen Beschlüssen der Verbandsvertretung entscheidet einfache Stimmenmehrheit der anwesenden Vertreter. Bei Stimmengleichheit ist die Stimme des Vorsitzenden entscheidend. Bei Aenderungen der Satzungen müssen zwei Drittel sämmtlicher stimmberechtigten Mitglieder der Verbandsvertretung anwesend sein. Erscheint die genügende Anzahl von Vereinsvertretern nicht, so entscheidet in der zweiten Versammlung die einfache Mehrheit der Anwesenden.

§ 4. An der Spitze des Verbandes steht ein am Sitze desselben wohnhafter Verwaltungsrath, bestehend aus: einem Vorsitzenden, der zugleich Vorsitzender der Verbandsvertretung ist, seinem Stellvertreter, einem Schriftführer und einem Geschäftsführer, der zugleich Rechner ist. Der Vorsitzende, bezw. bei dessen Verhinderung sein Stellvertreter, vertritt die Anstalt gerichtlich und aussergerichtlich, sowie vor allen Behörden.

§ 5. Die Verbandsvertretung ernennt in geheimer Abstimmung den Verwaltungsrath jeweils auf die Dauer von einem Jahr. Der zurücktretende Verwaltungsrath ist wieder wählbar.

§ 6. Der Verwaltungsrath leitet sämmtliche Geschäfte des Verbandes, soweit sie nicht der Verbandsvertretung vorbehalten sind.

§ 7. Der Verbandsvertretung ist vorbehalten: a) die Aufstellung von örtlichen Vertrauensmännern im Geschäftsbezirk; b) die Genehmigung des Voranschlags über die Verwendung der Geldmittel des Verbands und Gutheissung ausserordentlicher Ausgaben; c) die Prüfung der Jahresrechnung und Entlastung des Rechners; d) die Genehmigung der Betriebsordnung der Arbeitsnachweis-Anstalt und der Gebühren der Arbeitgeber für die Benutzung derselben; e) die oberste Entscheidung von Beschwerden gegen den Betrieb der Anstalt.

§ 8. Die Verbandsvereine verpflichten sich: a) die Bestrebungen des Vereins nach besten Kräften zu fördern; b) ihre Beiträge im Mindestbetrage von 5 Mark im Januar jeden Jahres an den Rechner zu bezahlen. Einzelmitglieder zahlen mindestens 1 Mark.

§ 9. Die Arbeitsnachweis-Anstalt stellt im Falle eines Ausstandes bezw. eines Streikes ihre Thätigkeit für den betreffenden Geschäftszweig ein, jedoch haben die streitenden Theile innerhalb 2 Tagen (d. h. vom folgenden Tage an) das Schiedsamt (den Bürgermeister) anzurufen und dasselbe hat auf dem schnellsten Wege zu entscheiden.

§ 10. Der Eintritt neuer Mitglieder in den Verband geschieht durch schriftliche Anzeige bei dem Vorsitzenden. Trägt Letzterer Bedenken gegen die Aufnahme, so hat er die Entscheidung der Verbandsvertretung herbeizuführen. Der Austritt kann nur auf den Schluss des Kalenderjahres erfolgen und muss mindestens ein halbes Jahr vorher dem Vorsitzenden schriftlich angezeigt werden.

b) Geschäfts-Ordnung.

§ 1. Die Anstalt ist vorerst jeden Werktag von Morgens 9 bis 12 Uhr und Nachmittags von 2 bis 5 Uhr geöffnet.

§ 2. Die seitens der Arbeitgeber und Arbeitsuchenden einkommenden Gesuche sind nach Berufsarten getrennt in fortlaufender Reihenfolge in die dafür bestimmten besonderen Bücher einzutragen und möglichst rasch und gewissenhaft zu erledigen. Auch von auswärts einlaufende Gesuche müssen ebenda eingetragen werden.

§ 3. Die der Anstalt ertheilten Arbeitergesuche gelten, insofern sie nicht vorher ausdrücklich zurückgezogen worden, während 1 Monat als fortdauernd. Gesuche um Zuweisung von Dienstboten werden nur als während 14 Tagen fortdauernd angesehen. Die Arbeitersuchenden sind übrigens zur sofortigen Anzeige verpflichtet, sobald sie die betreffende offene Stelle endgültig besetzt haben.

§ 4. Einschreibegebühren werden nur von den Arbeitgebern nach einer im Geschäftszimmer angeschlagenen Gebührenordnung erhoben. Wegen etwaiger Beschwerden in dieser Hinsicht wird auf § 6 verwiesen. Arbeitergesuche gelten damit als ordnungsmässig erledigt, dass seitens der Anstalt dem betreffenden Arbeitgeber entsprechende Arbeitskräfte zugewiesen worden sind und diese die Stelle angetreten haben.

§ 5. Die Anstalt hat durch zeitweise Umfrage einen lebhaften Verkehr mit den Arbeitgebern zu unterhalten, um soweit möglich auf diesem Wege auch festzustellen, ob die Arbeitersuchenden versorgt sind.

§ 6. Wünsche und Beschwerden können in das zu diesem Zweck jederzeit im Geschäftszimmer aufliegende Beschwerdebuch eingetragen werden. Innerhalb 24 Stunden nach erfolgtem Eintrage ist ein Auszug hieraus dem Vorsitzenden des Verwaltungsrathes bezw. der Verbandsvertretung mitzutheilen und, wie geschehen, im Beschwerdebuch zu vermerken.

§ 7. Am Schlusse des Kalenderjahres ist die Anstaltsrechnung abzuschliessen und spätestens innerhalb vier Wochen unter Anschluss eines statistischen Nachweises über die Gesammtergebnisse des Anstaltsbetriebes dem Vorsitzenden des Verwaltungsrathes vorzulegen.

c) Gebühren-Ordnung.

An Gebühren sind bei der Anmeldung zu bezahlen bezw. einzusenden: von hier wohnenden Arbeitgebern 30 Pf., von hier wohnenden Arbeitgebern für Dienstboten, Kutscher, Diener, Ausläufer etc. 50 Pf., von allen auswärts wohnenden Arbeitgebern 50 Pf. Auf ausdrückliches Verlangen findet das Einrücken in die besonders zu bezeichnenden oder andernfalls geeignet scheinenden Blätter gegen Ersatz der Selbstkosten statt. Ebenso müssen Porti nach auswärts besonders vergütet werden. Briefmarken werden als Zahlung angenommen.

Dem Vorsitzenden bleibt es überlassen, zweckentsprechende Zusätze und Aenderungen zur Gebührenordnung zu machen, sowie die zum Vollzuge erforderlichen allgemeinen Anordnungen zu treffen.

Münster.

a. Statut.

§ 1. Unter Mitwirkung der Stadt Münster wird vom Volksbureau ein Arbeitsnachweis-Bureau eingerichtet.

§ 2. Das Arbeitsnachweis-Bureau hat den Zweck, in erster Linie zwischen den in Münster ansässigen Arbeitgebern und Arbeitnehmern jeglichen Berufes (gewerblichen und sonstigen Arbeitern, Dienstboten, Handwerkern u. s.) Arbeit bezw. Stellung zu vermitteln.

§ 3. Das Arbeitsnachweis-Bureau steht unter der Leitung und Aufsicht eines Vorstandes; derselbe wird gebildet a) aus dem Vorstande des Volksbureaus, b) aus zwei von der Stadt Münster ernannten Mitgliedern, c) aus je einem Vertreter der dem Arbeitsnachweis-Bureau sich anschliessenden Vereine. Der Vorsitzende des Volksbureaus ist Vorsitzender des Vorstandes.

§ 4. Ueber die Aufnahme weiterer Vereine beschliesst der Vorstand.

§ 5. Die Sitzungen des Vorstandes werden nach Bedarf, jedoch mindestens alle drei Monate vom Vorsitzenden berufen; der Vorstand ist beschlussfähig, wenn alle Mitglieder geladen und wenigstens die Hälfte der Mitglieder anwesend ist.

§ 6. Der Vorstand beschliesst mit einfacher Stimmenmehrheit. Ist eine Sitzung beschlussunfähig, weil die genügende Zahl der Mitglieder nicht anwesend war, so beschliesst die folgende Sitzung mit einfacher Mehrheit der Anwesenden. Bei Stimmengleichheit entscheidet die Stimme des Vorsitzenden.

§ 7. Zur Aenderung der Statuten ist eine Mehrheit von ²/₃ der sämmtlichen Vorstandsmitglieder erforderlich. Die beabsichtigte Aenderung muss mindestens 14 Tage vor der Sitzung den Vorstandsmitgliedern schriftlich mitgetheilt werden.

§ 8. Die unmittelbare Leitung und Beaufsichtigung des Arbeitsnachweis-Bureaus besorgt der Vorsitzende.

§ 9. Die Arbeitsvermittlung erfolgt unentgeltlich für den Bezirk der Stadt Münster; für die Vermittlung nach auswärts kann die Erhebung einer Gebühr vom Vorstande angeordnet werden. Eine Verpflichtung zum Nachweis von Arbeit hat das Bureau nur insofern, als geeignete Arbeit angemeldet ist.

§ 10. Bei Arbeitseinstellungen oder Aussperrungen stellt das Arbeitsnachweis-Bureau für das betheiligte Geschäft oder Gewerbe seine Thätigkeit ein, sobald einer der streitenden Theile das Einigungsamt des Gewerbegerichts in Münster angerufen und hiervon das Bureau benachrichtigt hat. Die Arbeitseinstellung währt so lange, bis eine Einigung oder ein Schiedsspruch erfolgt ist. Wenn nur eine Partei den Schiedsspruch anerkennt, so nimmt das Arbeitsnachweis-Bureau nur für diesen Theil seine Thätigkeit wieder auf.

§ 11. Bis zur Errichtung des genannten Einigungsamtes stellt das Arbeitsnachweis-Bureau in den bezeichneten Fällen seine Thätigkeit so weit ein, dass es keine auswärtigen Arbeiter heranzieht.

§ 12. Der Vorstand erlässt eine Geschäftsordnung, welche den Betrieb des Arbeitsnachweis-Bureaus regelt.

§ 13. Bei etwaiger Auflösung des Arbeitsnachweis-Bureaus fällt das alsdann vorhandene Vermögen desselben der Armencommission zu Münster behufs Verwendung für ähnliche Zwecke zu.

b) Geschäftsordnung.

§ 1. Das Arbeitsnachweis-Bureau ist geöffnet an allen Werktagen, Vormittags 9—1, Nachmittags 4—8, an allen Sonn- und Feiertagen, Vormittags 11—12½, am ersten Weihnachts-, Oster- und Pfingstfeiertage ist das Bureau geschlossen.

§ 2. Der Arbeitsnachweis geschieht mittels besonderer Listen, die für Arbeitgeber und Arbeitnehmer getrennt geführt werden.

§ 3. Die Eintragung der Gesuche erfolgt auf Grund mündlicher oder schriftlicher Anzeigen; Formulare für schriftliche Anzeigen werden unentgeltlich auf dem Bureau verabreicht und können dort auch ausgefüllt werden. Auf Ersuchen sind die Beamten des Arbeitsnachweis-Bureaus zur Ausfüllung der Formulare verpflichtet.

§ 4. Der Arbeitsnachweis auf Arbeitsnachfrage und Arbeitsangebot wird dem Ueberbringer sofort eingehändigt.

§ 5. Die Anzeige der Erledigung von Gesuchen wird in den Listen vermerkt.

§ 6. Gesuche, die nicht binnen 14 Tagen erledigt oder erneuert werden, gelten als erloschen.

§ 7. Auswärtige Arbeitgeber sind verpflichtet, die ihnen innerhalb 14 Tagen zugewiesenen, mit ordnungsmässiger Anweisung versehenen Arbeiter für die Hin- und Rückreise zu entschädigen, wenn sie die angemeldete(n) Stelle(n) besetzt haben, ohne dem Arbeitsnachweis-Bureau davon Mittheilung zu machen.

§ 8. Jedes Mitglied des Vorstandes hat das Recht, Einsicht in die Bücher des Bureaus zu nehmen.

§ 9. Beschwerden über die Geschäftsführung oder die Beamten sind bei dem Vorsitzenden des Vorstandes anzubringen, oder in das im Geschäftslokale aufliegende Beschwerdebuch einzutragen.

Osnabrück.
a) Ortsstatut.

§ 1. Die Arbeitsvermittelungsstelle hat die Aufgabe, zwischen Arbeitgebern und Arbeitnehmern beiderlei Geschlechts einschliesslich Lehrlingen und Dienstboten Arbeit zu vermitteln. Zur Erfüllung dieser Aufgabe kann sich jede Arbeitsvermittelungsstelle mit andern Nachweis- und Vermittlungsstellen sowie mit sonstigen zur Erlangung von Auskunft geeigneten Veranstaltungen und Behörden in Verbindung setzen.

§ 2. Die Arbeitsvermittelung erfolgt unentgeltlich.

§ 3. Die Arbeitsvermittelungsstelle steht unter der Aufsicht des Magistrats. Die erforderliche Geschäftsordnung und Dienstanweisung wird vom Magistrat erlassen.

b) Geschäftsordnung und Dienstanweisung.

§ 1. Die Arbeitsvermittelungsstelle wird bis auf Weiteres mit dem städtischen Meldeamte im Rathhause verbunden und ist an allen Wochentagen von 8 Uhr Vormittags bis 6 Nachmittags, an den Sonn- und Festtagen von 11 bis 12 Uhr Mittags geöffnet.

§ 2. Die Vermittelung von Arbeit (Arbeitsgelegenheit) erfolgt unentgeltlich für Arbeitgeber und Arbeitnehmer beiderlei Geschlechts einschliesslich Dienstboten und Lehrlinge.

§ 3. Eine Verpflichtung zum Nachweis von Arbeit besteht für die Vermittelungsstelle nur insoweit, als Arbeitsgelegenheit vorhanden ist.

§ 4. Die Eintragungen der Arbeitsangebote und Arbeitsnachfragen geschehen getrennt für Arbeitgeber und für Arbeitnehmer, für Arbeitgeber auf Registerblättern, für Arbeitnehmer in Arbeitslisten. Für jeden Arbeitgeber, welcher Arbeitsgelegenheit anbietet, wird ein Registerblatt angelegt, auf welchem die einzelnen Arbeitsangebote der Reihe nach einzutragen sind. Für die Arbeitnehmer werden nach Beschäftigungsart geordnete Listen geführt, welche wiederum bezüglich der einzelnen Arbeitnehmer nach alphabetischer Reihenfolge anzulegen sind.

§ 5. Die Eintragungen der Arbeitsangebote und Arbeitsnachfragen erfolgen auf Grund mündlicher oder schriftlicher Anmeldung unmittelbar nach derselben. Die Registerblätter und Arbeitslisten müssen behufs statistischer Nachweisung zu jeder Zeit einen genauen Ueberblick über den jedesmaligen Stand von Arbeitsangebot und Nachfrage bieten.

§ 6. Der Arbeitsnachweis erfolgt in der Reihenfolge der Arbeits-Angebote und Nachfragen. Ortsangehörige können bevorzugt werden.

§ 7. Bei Arbeitsnachfrage wird dem Arbeitnehmer der Nachweis, soweit Arbeitsgelegenheit vorhanden ist, sofort schriftlich ausgefertigt; soweit dieses nicht der Fall ist, erhält derselbe später Nachricht. Ist keine Arbeitsgelegenheit vorhanden, so ist dem Arbeitnehmer auf Wunsch hierüber eine Bescheinigung auszustellen. Erhält der Arbeitnehmer Arbeit, so haben Arbeitgeber oder Arbeitnehmer durch Zurücksendung der Nachweiskarte dieses der Vermittelungsstelle sofort anzuzeigen. Ebenso haben diejenigen Arbeitgeber oder Arbeitnehmer, welche die Vermittelungsstelle in Anspruch genommen haben, sofort anzuzeigen, wenn die Anmeldungen anderweit erledigt sind.

§ 8. Die Arbeitsangebote und Arbeitsnachfragen gelten als erledigt, wenn eine Anzeige gemäss § 7 erfolgt, jedenfalls aber nach Ablauf zweier Wochen seit der Anmeldung.

§ 9. Sobald grösserer Arbeitsmangel droht, hat das Vermittelungsbureau dem Magistrat sofort Mittheilung zu machen.

Reutlingen.
a) Statut.

§ 1. Das städtische Arbeitsamt hat die Aufgabe, zwischen Arbeitgebern und Arbeitnehmern (gewerblichen und landwirthschaftlichen Arbeitern und Arbeiterinnen, männlichen und weiblichen Dienstboten und Lehrlingen) Arbeit zu vermitteln. Die Benutzung des Arbeitsamts ist Ortsangehörigen und Auswärtigen gestattet.

§ 2. Das Arbeitsamt steht unter der Oberaufsicht des Gemeinderaths, sowie unter der Leitung und Aufsicht einer Commission, welche aus einem Vorsitzenden und einem Stellvertreter desselben und aus 4 Mitgliedern und 4 Stellvertretern der letzteren besteht. Der Vorsitzende der Commission und dessen Stellvertreter werden vom Gemeinderath ernannt. Die Mitglieder der Commission und deren Stellvertreter werden von den Beisitzern des Gewerbegerichts aus ihrer Mitte gewählt und zwar werden von den Arbeitgebern und Arbeitnehmern je 2 Mitglieder und je 2 Stellvertreter gewählt. Die Amtsdauer der Mitglieder und deren Stellvertreter erlischt mit dem Ablauf der Zeit, auf die sie für das Gewerbegericht gewählt sind.

§ 3. Die Sitzungen der Commission werden von dem Vorsitzenden nach Bedarf einberufen. Wenn ein ordentliches Mitglied am Erscheinen verhindert ist, so ist ein Stellvertreter beizuziehen. Für jede Sitzung erhalten die Mitglieder eine Entschädigung von 2 M., die nie nicht zurückweisen dürfen.

§ 4. Die Angestellten des Arbeitsamts werden vom Gemeinderath nach Anhörung der Commission gewählt.

§ 5. Die Geschäfte des Arbeitsamts werden nach einer Geschäftsordnung geführt, die vom Gemeinderath nach Anhörung der Commission festgesetzt wird.

§ 6. Die Arbeitsvermittlung geschieht unentgeltlich. Die Kosten der Einrichtung und Unterhaltung des Arbeitsamts werden von der Stadt getragen.

§ 7. Das Arbeitsamt tritt am 1. Januar 1897 ins Leben.

b) Geschäftsordnung.

§ 1. Das Arbeitsamt ist an den Werktagen von 8 bis 12½ Uhr und von 3 bis 6½ Uhr geöffnet.

§ 2. Alle eingehenden Gesuche um Zuweisung von Arbeit und Arbeitskräften werden in getrennten Listen gesammelt und zwar werden für die einzelnen Berufsarten der Arbeiter, für Dienstboten und Lehrlinge je besondere Listen geführt. Bei Gesuchen von Arbeitern, Dienstboten und Lehrlingen wird eingetragen: Tag der Anmeldung, Name, Alter und Geburtsort, Familienstand, Wohnung, gesuchte Beschäftigung, besondere Bemerkungen; bei Lehrlingen ausserdem: Name des Vaters und Schulbesuch. Bei Gesuchen von Arbeitgebern wird eingetragen: Tag der Anmeldung, Name, Beruf oder Geschäftsbetrieb und Wohnung oder Betriebsstätte des Arbeitgebers, Beschäftigung der gesuchten Person, besondere Bemerkungen. Im Uebrigen werden die Gesuche in jeder Liste der Zeitfolge nach mit fortlaufender Nummer vorgetragen.

§ 3. Gesuche von Arbeitgebern und Arbeitnehmern können schriftlich, mündlich oder telephonisch angebracht werden. Formulare zu schriftlichen Gesuchen werden unentgeltlich abgegeben.

§ 4. Kann dem Arbeitsuchenden eine seiner bisherigen Beschäftigung und Leistungsfähigkeit entsprechende Stelle nachgewiesen werden, so wird er unter Aushändigung einer Arbeitsanweisung dem Arbeitgeber zugewiesen. Dieser hat ihm die Arbeitsanweisung abzunehmen, die Ein- bezw. Nichteinstellung darauf durch einfache Namensunterschrift unter dem zutreffenden Vordruck zu bescheinigen und die Anweisung sodann an das Arbeitsamt zurückzusenden.

§ 5. Die Nachweisung von Arbeit und Arbeitskräften, sowie die Anzeige der Erledigung von Gesuchen werden in den Listen vermerkt. Gesuche, die nicht binnen 14 Tagen erledigt oder zurückgezogen werden, gelten als erloschen.

§ 6. Dem Arbeitsuchenden, welchem eine passende Arbeitsstelle nicht nachgewiesen werden kann, wird auf Verlangen hierüber Bestätigung ertheilt.

§ 7. Das Arbeitsamt wird nach Aussen durch den Vorsitzenden der Commission vertreten.

§ 8. Die Mitglieder der Commission haben die Pflicht, die Geschäftsführung zu kontrolliren; zu diesem Zweck steht ihnen das Recht zu, Einsicht in die Geschäftsbücher zu nehmen.

§ 9. Beschwerden über die Geschäftsführung sind bei dem Vorsitzenden der Commission anzubringen. Kann dieser nicht sofort Abhilfe schaffen, so entscheidet die Commission. Gegen deren Bescheid ist weitere Beschwerde an den Gemeinderath zulässig.

§ 10. Das Arbeitsamt veröffentlicht allmonatlich, sowie nach Ablauf jedes Kalenderjahrs eine Uebersicht über seine Geschäftsthätigkeit.

Schopfheim.

a) Statut.

§ 1. Zweck der Anstalt ist: a) die Arbeitsvermittelung zwischen Arbeitgebern und Arbeitnehmern jeglicher Art; b) die Vermittelung von Lehrstellen.

§ 2. Die Vertretung des Verbandes wird gebildet durch je einen Vertreter der an dem Verband betheiligten Vereine. Diese treten jährlich mindestens ein Mal zu einer Hauptversammlung zusammen.

§ 3. Bei allen Beschlüssen der Verbandsvertretung entscheidet einfache Stimmenmehrheit der anwesenden Vertreter. Bei Stimmengleichheit ist die Stimme des Vorsitzenden entscheidend. Bei Aenderungen der Satzungen müssen zwei Drittel sämmtlicher stimmberechtigten Mitglieder der Verbandsvertretung vertreten sein. Erscheint die genügende Anzahl von Vereinsvertretern nicht, so entscheidet in einer zweiten Versammlung die einfache Mehrheit der Anwesenden.

§ 4. An der Spitze des Verbandes steht ein um Sitze desselben wohnhafter Verwaltungsrath, bestehend aus einem Vorsitzenden, der zugleich Vorsitzender der Verbandsvertretung ist, einem Schriftführer und einem Geschäftsführer, der zugleich Rechner ist.

§ 5. Die Verbandsvertretung bestimmt den Sitz des Verbandes und ernennt den Verwaltungsrath jeweils auf die Dauer von 3 Jahren.

§ 6. Der Verwaltungsrath leitet sämmtliche Geschäfte des Verbandes, soweit sie nicht der Verbandsvertretung vorbehalten sind.

§ 7. Der Verbandsvertretung ist vorbehalten: a) die Aufstellung von örtlichen Vertrauensmännern im Geschäftsbezirk; b) die Genehmigung des Voranschlags über die Verwendung der Geldmittel des Verbandes und Gutheissung ausserordentlicher Ausgaben; c) die Prüfung der Jahresrechnung und Entlastung des Rechners; d) die Genehmigung der Betriebsordnung der Arbeitsnachweis-Anstalt und der Gebühren für die Benutzung derselben; e) die oberste Entscheidung von Beschwerden gegen den Betrieb der Anstalt.

§ 8. Die Beschlüsse des Verwaltungsraths und der Verbandsvertretung werden in ein Protokollbuch eingetragen und vom Vorsitzenden und Schriftführer unterzeichnet.

§ 9. Die Verbandsvereine verpflichten sich: a) die Bestrebungen des Verbandes nach besten Kräften zu fördern; b) ihre Beiträge im Mindestbetrage von 5 Mark im Januar jeden Jahres an den Rechner zu bezahlen.

§ 10. Der Eintritt neuer Mitglieder in den Verband geschieht durch schriftliche Anzeige bei dem Vorsitzenden. Trägt letzterer Bedenken gegen die Aufnahme, so hat er die Entscheidung der Verbandsvertretung herbeizuführen. Der Austritt kann nur auf den Schluss des Kalenderjahres erfolgen und muss mindestens ½ Jahr vorher dem Vorsitzenden schriftlich angezeigt werden.

b) Geschäftsordnung.

§ 1. Die Anstalt ist vorerst jeden Werktag von Morgens 8 bis 9 Uhr und Nachmittags von 5 bis 6 Uhr geöffnet.

§ 2. Die seitens der Arbeitgeber und Arbeitsuchenden einkommenden Gesuche sind nach Berufsarten getrennt in fortlaufender Reihenfolge in die dafür bestimmten besonderen Bücher einzutragen und möglichst rasch und gewissenhaft zu erledigen. Auch von auswärts einlaufende Gesuche müssen ebenda eingetragen werden.

§ 3. Die der Anstalt ertheilten Arbeiterwünsche gelten, insofern sie nicht vorher ausdrücklich zurückgezogen werden während 1 Monat als fortdauernd. Gesuche um Zuweisung von Dienstboten werden nur als während 14 Tagen fortdauernd angesehen. Die Arbeitsuchenden sind übrigens zur sofortigen Anzeige verpflichtet, sobald sie die betreffende offene Stelle endgültig besetzt haben.

§ 4. Einschreibegebühren werden von den Arbeitgebern und Arbeitnehmern nach einer im Geschäftszimmer angeschlagenen Gebührenordnung erhoben. Wegen etwaiger Beschwerden in dieser Hinsicht wird auf § 7 verwiesen. Arbeitergesuche gelten damit als ordnungsmässig erledigt, dass seitens der Anstalt dem betreffenden Arbeitgeber entsprechende Arbeitskräfte zugewiesen worden sind und diese die Stelle angetreten haben.

§ 5. Die Anstalt hat durch zeitweise Umfrage einen lebhaften Verkehr mit den Arbeitgebern zu unterhalten, um soweit möglich auf diesem Wege auch festzustellen, ob die Arbeitsuchenden versorgt sind.

§ 6. In jedem Hauptort des Wiesenthals und späterhin thunlichst in jeder Gemeinde sind Vertrauensmänner aufzustellen. Diese sind verpflichtet: a) im Allgemeinen die Bestrebungen des Verbandes nach Kräften zu fördern; b) Gesuche und Angebote von Arbeit entgegenzunehmen und, soweit dieselben nicht von ihnen selbst erledigt werden können, umgehend der Anstalt mitzutheilen. Die Aufstellung einer besonderen Weisung für die Vertrauensmänner bleibt vorbehalten.

§ 7. Wünsche und Beschwerden können in das zu diesem Zweck jederzeit im Geschäftszimmer aufliegende Beschwerdebuch eingetragen werden. Innerhalb 24 Stunden nach erfolgtem Eintrage ist ein Auszug hieraus dem Vorsitzenden des Verwaltungsrathes bezw. der Verbandsvertretung mitzutheilen und, wie geschehen, im Beschwerdebuch zu vermerken.

§ 8. Am Schlusse des Kalenderjahres ist die Anstaltsrechnung abzuschliessen und spätestens am 15. Februar unter Anschluss eines statistischen Nachweises über die Gesammtergebnisse des Anstaltsbetriebes dem Vorsitzenden des Verwaltungsraths vorzulegen.

c) Gebühren-Ordnung.

An Gebühren sind zu erheben: von Arbeitern, welche sich persönlich anmelden 20 Pf., von Arbeitern, welche sich von auswärts schriftlich anmelden 40 Pf., von häuslichen Dienstboten (männliche und weibliche), ferner Kutscher, Diener, Ausläufer etc., welche sich persönlich anmelden 30 Pf., von häuslichen Dienstboten etc., welche sich von auswärts schriftlich anmelden 50 Pf., von hier wohnenden Arbeitgebern 30 Pf., von hier wohnenden Arbeitgebern für Dienstboten etc. (wie oben) 50 Pf., von auswärts wohnenden Arbeitgebern 50 Pf., von auswärts wohnenden Arbeitgebern für Dienstboten etc. (wie oben) 80 Pf. Auf ausdrückliches Verlangen findet das Einrücken in die besonders zu bezeichnenden oder andernfalls geeignet scheinenden Blätter gegen Ersatz der Selbstkosten statt. Ebenso müssen Porti nach auswärts besonders vergütet werden. Briefmarken werden als Zahlung angenommen.

Dem Vorsitzenden bleibt es überlassen, zweckentsprechende Zusätze und Aenderungen zur Gebühren-Ordnung zu machen, sowie die zum Vollzuge erforderlichen allgemeinen Anordnungen zu treffen.

Worms.

a) Satzungen.

§ 1. Zur Leitung und Beaufsichtigung der städtischen Arbeitsnachweisstelle in Worms wird gemäss Art. 52, 53 der Städteordnung eine Deputation gebildet, welche die Bezeichnung „Städtisches Arbeitsamt" führt. Dieselbe besteht aus folgenden Mitgliedern: a) dem Bürgermeister oder dem hierzu bestimmten Beigeordneten, als Vorsitzenden; b) dem Vorsitzenden oder stellvertretenden Vorsitzenden des Gewerbegerichts; c) aus fünfzehn von der Stadtverordneten-Versammlung zu wählenden Mitgliedern; unter diesen müssen sich befinden: drei Stadtverordnete; drei Beisitzer des Gewerbegerichts als Arbeitgeber;

drei Beisitzer des Gewerbegerichts als Arbeiter; drei Vorstandsmitglieder von mit dem Sitze in Worms nach Maassgabe der Gewerbeordnung errichteten Innungen; drei gewerbliche Arbeiter, welche aus den stimmfähigen und wahlberechtigten Mitgliedern der Stadtgemeinde entnommen werden müssen.

§ 2. Die vorstehend unter § 1 c genannten Mitglieder werden auf die Dauer von sechs Jahren gewählt, und zwar — mit Ausnahme der drei Stadtverordneten — auf Vorschlag des Gewerbegerichts. Alle zwei Jahre scheiden fünf von ihnen aus. Die Ausscheidenden sind wieder wählbar. Die Reihenfolge des Ausscheidens wird durch das Dienstalter und bei gleichem Dienstalter durch das Loos bestimmt. Wenn ein Mitglied während seiner Amtsdauer ausscheidet, muss es auf die Dauer seiner Amtszeit sofort durch Neuwahl ersetzt werden.

§ 3. Das Arbeitsamt versammelt sich auf Einladung des Vorsitzenden. Die Einladungen zur Sitzung ist der Vorsitzende verpflichtet, ergehen zu lassen, wenn dies von mindestens fünf Mitgliedern unter Angabe des Berathungsgegenstandes beantragt wird. Das Arbeitsamt ist beschlussfähig, wenn mindestens neun Mitglieder auf ergangene Ladung des Vorsitzenden zur Berathung versammelt sind. Ist wegen mangelnder Beschlussfähigkeit eine zweite Einladung ergangen, so ist in der nunmehrigen Sitzung das Arbeitsamt auch in geringerer Zahl beschlussfähig. Bei der Abstimmung entscheidet Stimmenmehrheit und bei Stimmengleichheit die Stimme des Vorsitzenden.

§ 4. Das Arbeitsamt leitet die Arbeitsnachweisstelle nach Maassgabe einer Geschäftsordnung, welche der Genehmigung durch die Stadtverordneten-Versammlung unterliegt. Zur unmittelbaren Beaufsichtigung der Anstalt und des mit der Besorgung des Arbeitsnachweises betrauten Verwalters wählt das Arbeitsamt aus seiner Mitte zwei Mitglieder, welche mit dem Vorsitzenden den geschäftsführenden Ausschuss bilden.

§ 5. Die Arbeitsnachweisstelle vermittelt Arbeit zwischen Arbeitgebern und Arbeitnehmern (gewerbliche Arbeiter, Dienstboten und Lehrlinge, beiderlei Geschlechts). Der Arbeitsnachweis geschieht in der Regel unentgeltlich. Ausnahmen hiervon, insbesondere die Berechnung von Auslagen oder die Hinterlegung einer Einschreibegebühr, kann die Geschäftsordnung bestimmen.

§ 6. Die Genehmigung des Voranschlags des Arbeitsamts und die Bestellung des Verwalters erfolgt durch die Stadtverordneten-Versammlung nach Anhörung des Arbeitsamts. Alljährlich legt das Arbeitsamt der Stadtverordneten-Versammlung einen Geschäftsbericht vor.

§ 7. Neben der vorgenannten Aufgabe liegt dem Arbeitsamt ob: 1. In Fällen von Streitigkeiten, welche zwischen Arbeitgebern und Arbeitern über die Bedingungen der Fortsetzung oder Wiederaufnahme des Arbeitsverhältnisses entstehen, unbeschadet der Bestimmungen der §§ 61 ff. des Gesetzes betreffend die Gewerbegerichte vom 29. Juli 1890, nach seinem Ermessen auf Einigung hinzuwirken; 2) die Erwerbsverhältnisse der lohnarbeitenden Bevölkerung und die Bewegungen des Arbeitsmarktes zu beobachten und die gemachten Erfahrungen geeignetenfalls durch Gutachten und Anträge zu verwerthen.

b) Geschäfts-Ordnung.

§ 1. Der Betrieb der Arbeitsnachweisstelle ist derart einzurichten, dass alle Gesuche der Arbeitgeber und Arbeitnehmer möglichst rasch und zufriedenstellend erledigt werden. Um diesen Zweck immer besser zu erreichen, soll durch entgegenkommenden Verkehr mit Arbeitgebern und Arbeitnehmern, durch rege Verbindung mit verwandten Anstalten und ausgedehnten Gebrauch der heutigen Verkehrsmittel die Benutzung der Arbeitsnachweisstelle für Jedermann erleichtert und die Ausdehnung des Geschäftsbetriebes fortwährend angestrebt werden.

§ 2. Die Arbeitsnachweisstelle vermittelt Arbeit zwischen Arbeitgebern und Arbeitnehmern für alle Berufsarten, in welche, solches erlangt wird.

§ 3. Sämmtliche Geschäfte besorgt unter Aufsicht des geschäftsführenden Ausschusses der Verwalter, welchem weitere Arbeitskräfte nach Bedarf unterstellt werden können.

§ 4. Der Arbeitsnachweis erfolgt ganz unentgeltlich. Von Auswärtigen, welche die Arbeitsnachweisstelle in Anspruch nehmen, wird die Vermeidung von Portokosten und Fernsprechgebühren, soweit dadurch die Anstalt belastet würde, erwartet. Nöthigenfalls kann der geschäftsführende Ausschuss Auswärtige, welche Kosten verursacht haben, zu deren Erstattung heranziehen, oder von der Benutzung der Anstalt ausschliessen.

§ 5. Die Arbeitsnachweisstelle ist an Werktagen von 8—1 Uhr und von 3—6 Uhr und an Sonntagen von 11—12 Uhr geöffnet.

§ 6. Die seitens der Arbeitgeber einkommenden Gesuche sind nach Berufsarten getrennt und in fortlaufender Reihenfolge in die dafür bestimmten Bücher einzutragen. Die seitens der Arbeitsuchenden einkommenden Gesuche werden ebenfalls eingetragen, wenn entweder eine Anweisung zur Vorstellung bei einem Arbeitgeber ertheilt wird, oder wenn der Arbeitsuchende den Eintrag besonders wünscht.

§ 7. Arbeitgeber, welche die Vermittlung der Anstalt in Anspruch genommen haben, sind verpflichtet, die Besetzung der angemeldeten Stelle sofort anzuzeigen. Die Arbeitnehmer sind im gleichen Sinne zur Meldung verpflichtet, sobald sie eine ihnen zugewiesene Stelle angetreten, oder nach ihrer Anmeldung bei der Anstalt sonst wie Arbeit gefunden haben. Insbesondere ist die dem Arbeitsuchenden übergebene Anweisung von dem Arbeitgeber zu unterzeichnen und von dem Arbeitsuchenden an die Arbeitsnachweisstelle zurückzuliefern.

§ 8. Alle bei der Arbeitsnachweisstelle einkommenden Gesuche haben eine Gültigkeit von 10 Tagen, können jedoch erneuert werden.

§ 9. Auswärtige Arbeitgeber, welche die persönliche Meldung eines Arbeitsuchenden am Wohnort des Arbeitgebers wünschen, haben sich vorher schriftlich zum Ersatz der Reisekosten auch für den Fall zu verpflichten, dass der Arbeitsuchende aus irgend einem Grunde bei ihnen nicht eingestellt würde.

§ 10. Diese Geschäftsordnung ist in den Räumen der Arbeitsnachweisstelle anzuschlagen.

Würzburg.

a. Statut.

§ 1. Zum Zwecke der Vermittelung von Arbeit zwischen Arbeitgebern und Arbeitern beiderlei Geschlechts, insbesondere gewerblichen und landwirthschaftlichen Arbeitern, Handelsangestellten, Dienstboten, Taglöhnern und Lehrlingen, wird ein städtisches Arbeitsamt errichtet, dessen Kosten die Stadtgemeinde Würzburg trägt. Das Arbeitsamt besteht aus zwei Abtheilungen, einer für männliche und einer für weibliche Personen.

§ 2. Die Geschäfte des Arbeitsamtes werden geführt von magistratischen Beamten oder Bediensteten unter der Leitung und Aufsicht einer Commission und unter der Oberaufsicht des Stadtmagistrates. Die Commission besteht aus einem Vorsitzenden, sechs weiteren Mitgliedern und ebensovielen Ersatzmännern. Vorsitzender der Commission ist der jeweilige Vorsitzende des Gewerbegerichtes und bei Verhinderung desselben dessen erster Stellvertreter. Lehnt der Vorsitzende des Gewerbegerichtes aus Gründen, welche vom Stadtmagistrat als berechtigt anerkannt werden, die Uebernahme dieser weiteren Funktion ab oder erachtet der Stadtmagistrat aus dienstlichen Gründen die Vereinigung beider Funktionen in einer Person als unthunlich, so werden der Vorsitzende der Kommission und dessen Stellvertreter vom Stadtmagistrat aus der Zahl der Gemeindebürger auf unbestimmte Zeit und mindestens auf ein Jahr gewählt. Hiebei dürfen Personen nicht berufen werden, welche Arbeitgeber oder Arbeiter im Sinne der Gewerbeordnung sind. Die Wahl der übrigen Mitglieder der Kommission findet in der Weise statt, dass drei Arbeitgeber vom Gemeindekollegium aus der Mitte der Gemeindebürger und drei Arbeitnehmer von den Arbeiterbeisitzern des Gewerbegerichtes aus ihrer Mitte gewählt werden. In gleicher Weise findet die Wahl der Ersatzmänner statt.

§ 3. Zur Giltigkeit der Wahl derjenigen Kommissionsmitglieder, welche aus den Beisitzern des Gewerbegerichts entnommen werden, ist erforderlich, dass mindestens die Hälfte der als Beisitzer des Gewerbegerichtes gewählten Arbeiter an der Wahlhandlung sich betheiligt. Wenn eine giltige Wahl nicht zu Stande kommt, oder wenn ein Gewählter den Eintritt in die Kommission ablehnt und auch eine nochmalige Wahl zu keinem Ergebnisse führt, so geht die Wahl insoweit an das Gemeindekollegium über. Als Mitglieder der Kommission sind hiebei solche Personen zu wählen, welche gemäss § 10 des Reichsgesetzes vom 29 Juli 1890, betr. die Gewerbegerichte, als Beisitzer des Gewerbegerichtes berufen werden können.

§ 4. Die Amtsdauer der Mitglieder der Kommission mit Ausnahme des Vorsitzenden und seines Stellvertreters beträgt drei Jahre. Dieselbe fällt mit der für die Beisitzer des Gewerbegerichts festgesetzten Wahlperiode zusammen. Eine Wiederwahl ist zulässig. Scheidet ein Mitglied der Kommission aus der Zahl der Beisitzer des Gewerbegerichtes aus, so hat dies auch seinen Austritt aus der Kommission zur Folge.

§ 5. Die Sitzungen der Kommission werden von dem Vorsitzenden nach Bedarf anberaumt. Auf motivirten Antrag von wenigstens drei Mitgliedern ist eine Kommissionssitzung durch den Vorsitzenden innerhalb acht Tagen einzuberufen. Wenn ein Mitglied der Kommission am Erscheinen verhindert und diese Verhinderung dem Vorsitzenden rechtzeitig mitgetheilt ist, so hat ein Ersatzmann beizuziehen. Die Kommission ist beschlussfähig, wenn alle Mitglieder bezw. in Verhinderungsfälle deren Ersatzmänner ordnungsgemäss geladen und wenigstens vier Theilnehmer mit Einschluss des Vorsitzenden versammelt sind. Die Beschlüsse werden nach Stimmenmehrheit gefasst. Bei Stimmengleichheit hat der Vorsitzende den Stichentscheid.

§ 6. Für jede in die Arbeitszeit fallende Sitzung erhalten die Theilnehmer mit Ausschluss des Vorsitzenden eine Entschädigung von 3 Mark. Etwa nothwendige Baarauslagen werden auf Anweisung des Vorsitzenden vergütet.

§ 7. Die Arbeitsvermittlung ist unentgeltlich. Verlegte Postporti und sonstige baare Auslagen sind dem Arbeitsamte durch den Gesuchsteller zu ersetzen ohne Rücksicht darauf, ob eine Arbeitsvermittlung thatsächlich zu Stande kommt oder nicht. Dieselben werden auf dem für die Erhebung von Gemeindeabgaben vorgeschriebenen Wege eingehoben.

§ 8. Bei Arbeitseinstellungen und Arbeiteraussperrungen hat die Kommission, sobald sie zu ihrer Kenntnis gelangen, den Betheiligten eine kurz bemessene Frist zu setzen, binnen welcher dieselben das Einigungsamt des Gewerbegerichtes anzurufen haben. Wenn letzteres nicht geschieht, oder ein Schiedsspruch nicht zu Stande kommt oder wenn sich die Betheiligten dem Schiedsspruche nicht unterwerfen, so hat die Kommission darüber Beschluss zu fassen, ob das Arbeitsamt für das betheiligte Gewerbe (Geschäft) oder für den betheiligten Geschäftszweig seine Thätigkeit einstellen soll oder nicht. Der Beschluss der Kommission ist öffentlich bekannt zu machen.

§ 9. Die Geschäftsführung des Arbeitsamtes erfolgt im übrigen nach der vom Stadtmagistrat zu erlassenden Geschäftsordnung und nach den in Ausführung derselben etwa weiter ergehenden Anordnungen.

§ 10. Abänderungen dieses Statuts sowie der Geschäftsordnung unterliegen der Beschlussfassung des Stadtmagistrats nach Anhörung der Kommission.

b. Geschäftsordnung.

§ 1. Das Arbeitsamt ist an den Werktagen von 8—12 Uhr und von 2—6 Uhr geöffnet.

§ 2. Die eingehenden Gesuche um Zuweisung von Arbeitern bezw. von Arbeitsstellen werden in Listen eingetragen, welche nach Berufsarten gesondert und für Arbeitgeber und Arbeiter je getrennt geführt werden. Die Berufsarten werden bezüglich der männlichen wie bezüglich der weiblichen Arbeiter in Klassen eingetheilt; die näheren Bestimmungen hinsichtlich der Zutheilung der einzelnen Berufe und der Zahl der Klassen werden durch die Kommission getroffen.

§ 3. Bei Gesuchen von Arbeitgebern (einschliesslich der Dienstherrschaften) werden eingetragen: a) die laufende Nummer, b) der Tag der Anmeldung, c) Name, Wohnung und Beruf des Anmeldenden, d) Zahl und Beschäftigungsart der gesuchten Arbeiter, e) die Lohnhöhe, f) besondere Bemerkungen (auf Wunsch des Gesuchstellers). Bei Gesuchen von Arbeitern (einschliesslich der Dienstboten und Lehrlinge) werden eingetragen: a) die laufende Nummer, b) der Tag der Anmeldung, c) Name, Wohnung, Beruf, Alter, Familienstand und Geburtsort bezw. Heimath des Gesuchstellers, d) die gewünschte Beschäftigung, e) die letzte Arbeitsstelle, f) der Lohnanspruch, g) besondere Bemerkungen (auf Wunsch der Gesuchsteller). Bei Lehrlingen werden ausserdem noch Name und Stand des Vaters bezw. Vormundes, bei ausserehelichen der Name der Mutter, sowie eine Bemerkung bezüglich des Schulbesuches eingetragen.

§ 4. Die Gesuche können schriftlich oder mündlich (auch telephonisch) gestellt werden. Formulare zu schriftlichen Gesuchen werden im Geschäftszimmer des Arbeitsamtes unentgeltlich abgegeben.

§ 5. Vorbehaltlich des § 12 erfolgt die Arbeitsvermittlung zunächst und thunlichst nach der Reihenfolge der Gesuche. Eine Verpflichtung zum Nachweise von Arbeitsgelegenheit besteht für das Arbeitsamt nur insoweit, als offene Arbeitsstellen der gewünschten Art angemeldet sind.

§ 6. Die Zuweisung von Arbeitern an den Arbeitgeber erfolgt schriftlich mittels Postkarte. Die das Arbeitsamt in Anspruch nehmenden Arbeitgeber und Arbeiter haben bei Meidung künftiger Versagung des Arbeitsnachweises durch Zurückgabe oder portofreie Zurücksendung der Arbeitsanweisung (Postkarte) dem Arbeitsamte sofort anzuzeigen, ob der zugewiesene Arbeiter eingestellt wurde oder nicht. Zur Erstattung dieser Anzeige ist der Arbeiter verpflichtet, soferne er selbst die ihm zugewiesene Arbeit anzutreten sich weigert, in allen anderen Fällen obliegt die Erstattung der Anzeige dem Arbeitgeber. Der Grund der Weigerung bezw. Nichteinstellung ist hiebei anzugeben.

§ 7. Die Zuweisung von Arbeitern und die Anzeige der Erledigung von Gesuchen werden in den Listen vermerkt. Gesuche, welche nicht binnen 14 Tagen erledigt, zurückgezogen oder erneuert werden, gelten als erloschen und werden in den Listen gestrichen. Durch die Erneuerung behält das Gesuch je auf weitere 14 Tage Giltigkeit.

§ 8. Die durch § 6 vorgeschriebene Anzeige ist auch im Falle anderweitiger, ohne Vermittlung des Arbeitsamtes erfolgter Erledigung der Gesuche zu erstatten. Die Erstattung der Anzeige obliegt in diesem Falle dem Arbeitgeber, soferne die von ihm angemeldete Stelle anderweitig besetzt ist, dem Arbeiter hingegen, soferne er eine andere als die ihm zugewiesene Stelle erlangt hat.

§ 9. Kann einem Arbeitsuchenden seitens des Arbeitsamtes eine passende Arbeitsgelegenheit nicht nachgewiesen werden, so wird ihm auf Ansuchen eine diesbezügliche Bestätigung ertheilt.

§ 10. Die Kommission ist befugt zu beschliessen, dass solche Personen, welche in Würzburg heimathberechtigt oder wohnhaft, oder welche dahier beschäftigungslos geworden sind und in hiesiger Stadt Arbeit suchen, vor anderen (hier nicht heimathberechtigten oder wohnhaften oder von auswärts zugereisten) Personen, ferner dass verheirathete Personen, welche mit ihren Familien hier wohnen, vor alleinstehenden Personen ohne Rücksicht auf die Reihenfolge der Gesuche (§ 5 Abs. I) vorzugsweise zu berücksichtigen sind.

§ 11. Auswärtigen Arbeitgebern werden durch das Arbeitsamt Arbeiter zugewiesen, wenn dieselben sich verpflichten, für die innerhalb 14 Tagen nach Einlauf ihres Gesuches und vor Einlauf einer derselben zurückziehenden Erklärung (vergl. § 7 Abs. II und § 8) ihnen zugewiesenen mit ordnungsmässiger Anweisung (§ 6 Abs. I) versehenen Arbeiter die Kosten der Hinreise und event. der Rückreise für den Fall zu erstatten, dass letztere die ihnen nachgewiesene Stelle infolge anderweitiger Besetzung nicht mehr erhalten können oder dass aus einem anderen nicht auf ein Verschulden des betroffenen Arbeiters zurückzuführenden Grunde ein Arbeitsverhältniss nicht zu Stande kommt. Die Bestimmungen der §§ 6 Abs. II—IV, 7 Abs. II und III 9. finden auf auswärtige Arbeitgeber in gleicher Weise Anwendung.

§ 12. Den Arbeitgebern und den Arbeitsuchenden steht die Einsichtnahme der Listen und die Auswahl unter den eingetragenen Arbeitern bezw. Arbeitsstellen regelmässig frei.

§ 13. Das Arbeitsamt wird nach aussen und dem Stadtmagistrat gegenüber durch den Vorsitzenden der Kommission vertreten.

§ 14. Die Mitglieder der Kommission haben das Recht und die Pflicht, die Geschäftsführung des Arbeitsamtes zu kontrolliren. Zu diesem Behufe haben sie das Recht, von den Büchern und Listen jederzeit Einsicht zu nehmen.

§ 15. Beschwerden gegen die Geschäftsführung des Arbeitsamtes sind an den Vorsitzenden der Kommission zu richten oder in das in dem Geschäftslokale aufliegende Beschwerdebuch einzutragen. Ueber dieselben entscheidet, sofern der Vorsitzende nicht selbst sofort Abhilfe schafft, die Kommission und im Falle weiterer Beschwerde der Stadtmagistrat.

§ 16. Der geschäftsführende Beamte des Arbeitsamtes hat innerhalb der ersten zwei Monate jedes Jahres einen Rechenschaftsbericht und Rechnung für das letztverflossene Jahr zu stellen, welche durch die Kommission geprüft und alsdann dem Stadtmagistrate vorgelegt werden.

Verband der Anstalten für Arbeitsnachweis im Grossherzogthum Baden.

Satzungen.

§ 1. Der Verband der Anstalten für Arbeitsnachweis im Grossherzogthum Baden bezweckt — unbeschadet der Selbständigkeit der Verbandsmitglieder — die Förderung der gemeinsamen Interessen, insbesondere a) die Verständigung über die Grundsätze, nach welchen der Anstaltsbetrieb im allgemeinen gehandhabt werden und der wechselseitige Verkehr unter den Verbandsmitgliedern stattfinden soll; b) die Pflege der Statistik, insbesondere durch eine alljährlich durch den Verbandsausschuss zu fertigende Zusammenstellung über die Thätigkeitsergebnisse von sämmtlichen dem Verbande angehörenden Anstalten für Arbeitsnachweis; c) die Vermittlung des Verkehrs mit andern Verbänden oder Vereinen, welche die nämlichen Ziele verfolgen; d) die Vertretung des Verbandes gegenüber von Reichs-, badischen Staats-, Kreis- und Gemeindebehörden u. s. w.

§ 2. Nur solche badische Anstalten für Arbeitsnachweis können Mitglieder des Verbandes werden, welche ausschliesslich gemeinnützigen Zwecken dienen. Der Eintritt neuer Mitglieder geschieht durch schriftliche Anzeige bei dem Verbandsvorort. Ueber etwaige Bedenken gegen die Aufnahme ist sofort eine Entscheidung der Verbandsversammlung mittelst Rundschreiben herbeizuführen. Die Austrittsanzeige muss schriftlich erfolgen. Hierüber wird eine Empfangsbescheinigung ausgestellt.

§ 3. Die Geschäfte des Verbandes führt ein Vorort, der bis zur anderweiten Festsetzung seitens der Versammlung Karlsruhe ist.

§ 4. Der Versammlung liegt insbesondere ob: a) Zeit und Ort der Verbandsversammlung zu bestimmen und die jeweilige Tagesordnung festzustellen; b) über etwaige Beschwerden in Verbandsangelegenheiten zu entscheiden.

§ 5. Die Verbandsversammlung, welche aus je einem Vertreter der Verbandsmitglieder besteht, tritt in der Regel alle Jahre zusammen. Die Verbandsmitglieder müssen unter Mittheilung der Tagesordnung mindestens vier Wochen vorher dazu eingeladen werden. Verbandsmitglieder, welche einen eignen Vertreter zu der Verbandsversammlung nicht entsenden, können mit ihrer Vertretung andere Verbandsmitglieder beauftragen, jedoch mit der Beschränkung, dass der Beauftragte ausser dem eigenen Verbande nicht mehr als zwei weitere Verbandsmitglieder vertreten darf. Die Verbandsversammlung wählt jeweils ihren Vorsitzenden und dessen Stellvertreter. Der Vorsitzende ernennt einen Schriftführer. Die Zulassung von Nichtmitgliedern ist seinem Ermessen anheimgestellt.

§ 6. Zu den Verbandsversammlungen wird jeweils das Grossherzogliche Ministerium des Innern eingeladen.

§ 7. In der Verbandsversammlung hat jedes Verbandsmitglied eine Stimme. Bei den Beschlüssen der Verbandsversammlung entscheidet die einfache Mehrheit der stimmberechtigten Vertreter der Verbandsmitglieder. Dagegen ist zu einem gültigen Beschlusse über die Aenderung oder Ergänzung der Satzungen sowie über die Auflösung des Verbandes eine Mehrheit von dreiviertel der abgegebenen Stimmen erforderlich.

§ 8. Die Beschlussfassung der jeweiligen Verbandsversammlung erstreckt sich nur auf die Gegenstände der Tagesordnung, falls die Versammlung nichts anderes bestimmt.

§ 9. Jedes Verbandsmitglied ist berechtigt: a) bei dem Verbandsvorort diejenigen Anträge einzureichen, deren Aufnahme in die Tagesordnung der Verbandsversammlung gewünscht wird; b) neben einem stimmberechtigten noch weitere Vertreter, jedoch nur mit berathender Stimme zu entsenden.

Der

Allgemeine Arbeitsnachweis in Deutschland

im Jahre 1896.

Von

Dr. jur. Richard Freund.

BERLIN
CARL HEYMANNS VERLAG
1897.

Carl Heymanns Verlag, Berlin W.
Rechts- und Staatswissenschaftlicher Verlag.

Taschenbuch
des
Gewerbe- und Arbeiterrechts
von
Georg Evert,
Regierungsrath.

Zweite umgearbeitete Auflage.

Preis gebunden M. 1,60, bei postfreier Zusendung M. 1,70.

Neue Beiträge
zur
Frage der Arbeitslosen-Versicherung.
Von
Dr. Georg Schanz,
Professor der Nationalökonomie in Würzburg.

Preis M. 4, bei postfreier Zusendung M. 4,20.

Der Berliner Bierboykott von 1894.
Ein Beitrag
zur
Geschichte der socialen Klassenkämpfe der Gegenwart.

Aktenmässig dargestellt
von
Emil Struve.

Preis M. 6, bei postfreier Zusendung M. 6,30.

Die Bedeutung des Grundbesitzes
für das Wohl
der arbeitenden unteren Volksklassen.
Von
Oskar Asemissen,
Rechtsanwalt in Detmold.

Preis M. 1,20, bei postfreier Zusendung M. 1,30.

Ueber den Arbeiterkrieg.
Von
Max Roesler.

Preis M. 1, bei postfreier Zusendung M. 1,10.

Carl Heymanns Verlag, Berlin W.

Drucksachen der Kommission für Arbeiterstatistik

Folio-Format **Verhandlungen** **Folio-Format**

Nr. 1 u. 2
Protokoll über die Verhandlungen vom 23. Juni bis 25. Juni 1892 und vom 2. Februar bis 10. Februar 1893.
Preis M. 1, postfrei 20 Pf. mehr.

Nr. 3
Protokoll über die Verhandlungen vom 30. Juni bis 3. Juli 1893.
Preis M. 0,60, postfrei 20 Pf. mehr.

Nr. 4
Protokoll über die Verhandlungen vom 14. Februar bis 20. Februar 1894
und die Vernehmung von Auskunftspersonen über die
Arbeitszeit in Bäckereien und Konditoreien.
Preis M. 1,30, postfrei 30 Pf. mehr.

Nr. 5
Protokoll über die Verhandlungen vom 23. und 27. Juni 1894.
Preis M. 1, postfrei 20 Pf. mehr.

Nr. 6
Bericht über die Erhebungen betr. die Arbeitszeit in Bäckereien und Konditoreien.
Preis M. 0,40, postfrei 10 Pf. mehr.

Nr. 7
Protokoll über die Verhandlungen vom 9. November bis 20. November 1894
und die Vernehmung von Auskunftspersonen über
Arbeitszeit, Kündigungsfristen und Lehrlingsverhältnisse im Handelsgewerbe.
Preis M. 2, postfrei 30 Pf. mehr.

Nr. 8
Bericht über die Erhebung betr. die Arbeitszeit, Kündigungsfristen und die Lehrlingsverhältnisse im Handelsgewerbe.
Preis M. 0,80, postfrei 20 Pf. mehr.

Nr. 8a
Protokoll über die Verhandlungen vom 10. und 11. Dezember 1895.
Preis M. 0,60, postfrei 20 Pf. mehr.

Nr. 9
Protokoll über die Verhandlungen vom 13. und 14. März 1896.
Preis M. 0,30, postfrei 10 Pf. mehr.

Nr. 10
Protokoll über die Verhandlungen vom 14. bis 17. und 20. bis 21. April 1896
und die Vernehmung von Auskunftspersonen über die
Verhältnisse in der Kleiderkonfektion.
Preis M. 2, postfrei 30 Pf. mehr.

Nr. 11
Protokoll über die Verhandlungen vom 28. bis 30. April 1896
und die Vernehmung von Auskunftspersonen über die
Verhältnisse in der Wäschekonfektion.
Preis M. 0,80, postfrei 20 Pf. mehr.

Nr. 11. Nachtrag
Protokoll über die Verhandlungen v. 2. Juli 1896
und die Vernehmung von Auskunftspersonen über die
Verhältnisse in der Kleider- u. Wäschekonfektion.
Preis M. 0,40, postfrei 10 Pf. mehr.

Nr. 12
Protokoll über die Verhandlungen vom 9. und 11. Januar 1897.
Preis M. 0,40, postfrei 10 Pf. mehr.

Nr. 13 (Bericht)
Bericht über die Erhebung betr. die Arbeitsverhältnisse in der Kleider- u. Wäschekonfektion.
Preis M. 0,30, postfrei 10 Pf. mehr.

Erhebungen

Nr. 1 (vergriffen) u. 3
Erhebung über die Arbeitszeit in Bäckereien und Konditoreien.
Veranstaltet im September 1892.
Heft 1 M. 0,80, postfrei 20 Pf. mehr. — Heft 3 (Fortsetzung) Preis M. 0,50, postfrei 20 Pf. mehr.

Nr. 2 (vergriffen)
Erhebung über Arbeitszeit, Kündigungsfristen und Lehrlingsverhältnisse im Handelsgewerbe.
Veranstaltet im September und Oktober 1892.
Preis M. 1, postfrei 20 Pf. mehr.

Nr. 4
Erhebungen über die Arbeitszeit in Getreidemühlen.
Veranstaltet im Sommer 1893.
Preis M. 0,80, postfrei 20 Pf. mehr.

Nr. 5
Erhebung über Arbeitszeit, Kündigungsfristen und Lehrlingsverhältnisse im Handelsgewerbe.
2. Theil.
Preis M. 1,20, postfrei 20 Pf. mehr.

Nr. 6
Erhebung über die Arbeits- und Gehaltsverhältnisse der Kellner und Kellnerinnen.
Preis M. 1,40, postfrei 20 Pf. mehr.

Nr. 7
Erhebung über Arbeitszeit, Kündigungsfristen und Lehrlingsverhältnisse im Handelsgewerbe.
3. Theil.
Preis M. 0,30, postfrei 10 Pf. mehr.

Nr. 8
Erhebung über die Arbeitszeit in Getreidemühlen. 2. Theil.
Preis M. 1, postfrei 20 Pf. mehr.

Nr. 9
Erhebung über die Arbeits- und Gehalts-Verhältnisse der Kellner und Kellnerinnen. 2. Theil.
Nebst Ermittelungen betr. Küchenpersonal in Gast- und Schankwirthschaften.
Preis M. 1, postfrei 20 Pf. mehr.

Nr. 10
Zusammenstellung der Ergebnisse der Ermittelungen über die Arbeitsverhältnisse in der Kleider- und Wäschekonfektion.
Preis M. 1, postfrei 20 Pf. mehr.

Preis des Druckbogens ungefähr 7 Pfennige.

Carl Heymanns Verlag, Berlin W.
Rechts- und Staatswissenschaftlicher Verlag.

Schriften der Centralstelle
für
Arbeiter-Wohlfahrtseinrichtungen.

Heft 1
Die Verbesserung der Wohnungen.
Vorberichte und Verhandlungen der
Konferenz vom 25. und 26. April 1892
nebst
Bericht über die mit derselben
verbundene Ausstellung.
Mit vielen Abbildungen im Text.
Preis M. 8, geb. M. 9, postfrei je M. 0,30 mehr.

Heft 2
Die zweckmässige Verwendung der
Sonntags- und Feierzeit.
Vorberichte und Verhandlungen der
Konferenz vom 25. und 26. April 1892.
Preis M. 2, postfrei M. 2,10.

Heft 3
Die Spar- und Bau-Vereine
in
Hannover, Göttingen und Berlin.
Eine Anleitung
zur
praktischen Bethätigung auf dem
Gebiete der Wohnungsfrage.
Preis M. 2,40, postfrei M. 2,50.

Heft 4
Hilfs- und Unterstützungskassen.
Fürsorge für Kinder und Jugendliche.
Vorberichte und Verhandlungen der
Konferenz vom 21. und 22. April 1893.
Preis M. 3,60, postfrei M. 3,70.

Heft 5
Die Beschaffung von Geldmitteln
für
Baugenossenschaften.
Verhandlungen der
Konferenz vom 9. Mai 1894.
Preis M. 1,50, postfrei M. 1,60.

Heft 6
Das Sparkassenwesen
in seiner Bedeutung für die Arbeiterwohlfahrt.
Die Reinhaltung der Luft
in Fabrikräumen.
Vorberichte und Verhandlungen der
Konferenz vom 7. und 8. Mai 1894.
Preis M. 3, postfrei M. 3,10.

Heft 7
Die zweckmässige Einrichtung und
Ausgestaltung der Krankenkassen.
Volksernährung.
Vorberichte und Verhandlungen der
Konferenz vom 22. und 23. April 1895.
Preis M. 6, geb. M. 7, postfrei je M. 0,30 mehr.

Heft 8
Die Verbreitung guten Lesestoffs.
Von
Pastor Apel.
Preis M. 2, postfrei M. 2,10.

Heft 9
Die Wohlfahrtspflege auf dem Lande.
Von
Heinrich Sohnrey.
Preis M. 4, postfrei M. 4,20.

Heft 10
Entwickelung und gegenwärtiger Stand
der Frage des
Arbeitsnachweises.
Weibliche Hülfskräfte in der Wohlfahrtspflege.
Vorberichte und Verhandlungen der
Konferenz vom 11. und 12. Mai 1896.
Preis M. 2,40, postfrei M. 2,60.